Paganismo nórdico para principiantes

Una guía esencial sobre la religión pagana nórdica, dioses, diosas, Ásatrú, rituales vikingos, magia nórdica, runas y hechizos

© Copyright 2023

Todos los derechos reservados. Ninguna parte de este libro puede ser reproducida de ninguna forma sin el permiso escrito del autor. Los revisores pueden citar breves pasajes en las reseñas.

Descargo de responsabilidad: Ninguna parte de esta publicación puede ser reproducida o transmitida de ninguna forma o por ningún medio, mecánico o electrónico, incluyendo fotocopias o grabaciones, o por ningún sistema de almacenamiento y recuperación de información, o transmitida por correo electrónico sin permiso escrito del editor.

Si bien se ha hecho todo lo posible por verificar la información proporcionada en esta publicación, ni el autor ni el editor asumen responsabilidad alguna por los errores, omisiones o interpretaciones contrarias al tema aquí tratado.

Este libro es solo para fines de entretenimiento. Las opiniones expresadas son únicamente las del autor y no deben tomarse como instrucciones u órdenes de expertos. El lector es responsable de sus propias acciones.

La adhesión a todas las leyes y regulaciones aplicables, incluyendo las leyes internacionales, federales, estatales y locales que rigen la concesión de licencias profesionales, las prácticas comerciales, la publicidad y todos los demás aspectos de la realización de negocios en los EE. UU., Canadá, Reino Unido o cualquier otra jurisdicción es responsabilidad exclusiva del comprador o del lector.

Ni el autor ni el editor asumen responsabilidad alguna en nombre del comprador o lector de estos materiales. Cualquier desaire percibido de cualquier individuo u organización es puramente involuntario.

Tabla de contenidos

INTRODUCCIÓN 1
CAPÍTULO 1: ¿QUÉ ES EL PAGANISMO NÓRDICO? 2
CAPÍTULO 2: PRINCIPALES TRADICIONES Y CREENCIAS 10
CAPÍTULO 3: LOS DIOSES ÆSIR 17
CAPÍTULO 4: LOS DIOSES VANIR 35
CAPÍTULO 5: LOS DIOSES JÖTNAR 43
CAPÍTULO 6: FUTHARK, EL ALFABETO NÓRDICO 50
CAPÍTULO 7: CONSTRUIR UN ALTAR 59
CAPÍTULO 8: RITUALES Y HECHIZOS NÓRDICOS 66
CAPÍTULO 9: FIESTAS Y FESTIVALES NÓRDICOS 71
CAPÍTULO 10: PRÁCTICAS PAGANAS DIARIAS 91
CONCLUSIÓN 95
VEA MÁS LIBROS ESCRITOS POR SILVIA HILL 97
REFERENCIAS 98

Introducción

El paganismo nórdico es el movimiento religioso que se centra en el culto a los antiguos dioses escandinavos anteriores a la introducción del cristianismo. Las raíces de esta religión se remontan al periodo Neolítico.

Los nórdicos creían en una amplia gama de dioses, diosas, gigantes, elfos, monstruos y otras criaturas sobrenaturales. Cuando se introdujo la fe cristiana, los antiguos nórdicos incorporaron la nueva religión a la antigua. Algunos mitos bíblicos se mezclaron con historias de dioses nórdicos. Aunque algunos reyes se convirtieron al cristianismo por motivos políticos y económicos, muchos nórdicos incorporaron al dios cristiano a su panteón. Como resultado, los dioses nórdicos nunca dejaron de ser venerados y siguen siéndolo hoy en día.

En los últimos años, se ha producido un gran renacimiento de la religión pagana nórdica, y Thor, Odín y Freya siguen siendo venerados por personas de todo el mundo, no solo de Escandinavia. Varios movimientos religiosos se basan en la antigua religión nórdica, entre ellos Ásatrú, Vanatrú y Etenismo *(Heathenry)*.

Este libro está diseñado para llevarle a través de un viaje fascinante, empezando por la historia y la transición de la religión y los dioses. Aprenderá sobre los dioses que adoraban los antiguos pueblos germánicos y escandinavos, los gigantes que eran temidos, las runas que encierran los misterios del universo, la magia pagana nórdica y aprenderá algunos hechizos y rituales que pueden ayudarle en su propio viaje espiritual.

Capítulo 1: ¿Qué es el paganismo nórdico?

Las raíces del paganismo nórdico se remontan al Neolítico, concretamente a la Edad de Hierro germánica. El paganismo nórdico continuó desarrollándose a lo largo de los siglos a medida que las tribus germánicas emigraban de una zona a otra, adaptando sus dioses a nuevas influencias con cada nuevo encuentro, incluida la llegada del cristianismo, que no acabó con la antigua religión por completo, pero influyó en sus mitos, folklore, fiestas y rituales.

Orígenes

No podemos estar seguros de cómo y por qué surgieron los dioses nórdicos antiguos. Ni siquiera podemos estar seguros de la fecha exacta en que estos dioses empezaron a ser venerados. Las creencias y los mitos se transmitían oralmente y no se cree que ninguna fuente sea equivalente a la Biblia cristiana.

Las fuentes más antiguas del paganismo nórdico proceden de inscripciones rúnicas dentro de piedras conmemorativas que representan a los dioses y escenas mitológicas. Las excavaciones arqueológicas revelaron que los dioses sufrieron una transformación en sus orígenes y que las creencias cambiaron durante la época vikinga, especialmente respaldadas por los enterramientos en barcos y diversos artefactos.

La mayor parte de nuestros primeros conocimientos sobre la religión nórdica proceden de Julio César, Tácito y otras fuentes romanas tempranas, junto con manuscritos procedentes de Escandinavia tras la llegada del cristianismo. Las fuentes más conocidas son la Edda Poética, escrita por un autor anónimo, y otras sagas, como la Edda prosaica, la Hávamál, la Heimskringla y la Landnámabók.

La cultura nórdica más antigua apareció hacia el 1700 a. C., que evolucionó a partir de la cultura de la cerámica cordada y la cultura de las hachas de guerra, ambas procedentes del sur de la zona peninsular escandinava. Cuando se unieron, iniciaron la Edad del Bronce nórdica, caracterizada por modos específicos de agricultura, ganadería y comercio con los micénicos de Grecia.

Tenemos muy poca información sobre los dioses venerados durante este periodo. Lo poco que sabemos es fragmentario, pero parece que existía un fuerte culto al Sol que tenía una conexión igualmente fuerte con los caballos. Este motivo del Sol tirado por un carro sobre el cielo recuerda a muchas religiones primitivas, sobre todo en la antigua Grecia. En la mitología nórdica, los dos caballos que arrastran al Sol y a la Luna por el cielo se conocen como Skinfaxi y Hrímfaxi, aunque estos nombres son de una fecha muy posterior.

Sin embargo, aparte de este culto al Sol, es difícil decir si los nórdicos de esta época temprana creían en alguna deidad que pudiera encontrarse en el panteón posterior.

Tácito afirmaba que los antiguos germánicos (gente de Escandinavia) adoraban a varias deidades. Entre ellas se encontraban Mercurio (Woden, Odín, Gwoden), Hércules (Thor), Isis (sin nombre dado) y Marte (Tyr), y es importante recordar que los romanos solían utilizar los nombres de sus propios dioses en lugar de los de otras culturas. Continuó diciendo que los pueblos germánicos llevaban a cabo sus ritos y ceremonias religiosas al aire libre en lugar de en un edificio y predecían con regularidad los presagios mediante la tirada de la suerte. Los sábados se ofrecían sacrificios humanos y animales a Odín. Sin embargo, una gran diferencia entre los adoradores romanos y nórdicos era que los paganos nórdicos no mostraban la semejanza de sus dioses en forma humana.

Es importante, sin embargo, que recordemos algunas cosas respecto a Tácito como fuente. En primer lugar, nunca viajó a la región germánica ni consultó a ningún germano. Su información procedía de fuentes anteriores y quizá de entrevistas con romanos que fueron a la región. En segundo lugar, hay que recordar el sesgo racial de la obra. Los germánicos (que incluían a los de Escandinavia) fueron descritos como brutales, perezosos, incivilizados y borrachos. En todos los sentidos, se les describía como lo opuesto a los romanos. Definitivamente, ¡debemos tomar lo que afirmaba Tácito con un poco de escepticismo!

La obra de Tácito, la Germania, sigue siendo vital para nuestra comprensión del paganismo nórdico de la época. Fue influyente a finales de los siglos XIX y XX, cuando el paganismo nórdico revivió, no solo en Escandinavia, sino en el resto de Europa y en los Estados Unidos de América.

A medida que el cristianismo se extendía por Europa a principios del primer milenio, muchos reyes escandinavos se convirtieron a la nueva religión por diversos motivos, entre ellos políticos y económicos. La fe cristiana tardó casi mil años en convertirse en la religión dominante en esta zona.

Sin embargo, a diferencia de muchas otras culturas europeas, el pueblo escandinavo no tuvo que renunciar a sus religiones ni a su cultura tras la conversión. Por el contrario, muchas de las figuras bíblicas se incorporaron al panteón nórdico y, después de tantos siglos, simplemente asumieron los papeles de los dioses nórdicos. Las demás figuras, creencias y ceremonias continuarían en el folclore y en diversas costumbres.

A medida que el cristianismo se extendía por el mundo escandinavo, creaba una intrigante mezcla de antiguas creencias y supersticiones tradicionales con nuevas figuras y temas. La magia, que siempre había sido parte integrante del paganismo nórdico, unía ahora a María, Dios y Jesús con los dioses más antiguos como Freyr, Odín y Thor. Las viejas historias y mitos, muchos de los cuales estaban recogidos en las Eddas, empezaron ahora a ribetearse con temas cristianos.

Durante esta época, surgió en Escandinavia el arte de la escritura. Las primeras historias escritas que tenemos de los antiguos dioses se registraron a partir de este periodo.

Cuando Escandinavia se transformó en lo que denominamos la era vikinga, el pueblo nórdico vivió un periodo de viajes, incursiones, comercio, agricultura y exploración. Viajaron por toda Europa, estableciendo colonias y asentamientos en Groenlandia, Francia, Inglaterra y otros lugares, y comerciando en Europa Oriental y Oriente

Próximo. Hacia el año 1000 d. C., un grupo de vikingos liderado por Leif Erikson había llegado incluso a Norteamérica. Los vikingos asaltaban a menudo los monasterios cristianos debido a su falta de defensas y a sus abundantes recursos. Como resultado, los vikingos fueron rápidamente pintados como brutos sedientos de sangre por los cristianos. Sin embargo, la mayor parte de nuestros conocimientos sobre los paganos nórdicos proceden de este periodo.

Sajón Gramático, un historiador de Dinamarca que escribió la Gesta Danorum (llamada la Historia Danesa), nos proporciona gran parte de nuestros conocimientos sobre el antiguo folclore nórdico.

Traza la historia de Dinamarca, Estonia y Letonia desde los tiempos prehistóricos hasta el periodo medieval. Aunque se considera una obra caprichosa y probablemente rebuscada sobre la historia danesa, contiene muchos relatos mitológicos y leyendas que difieren bastante de los que se encuentran en las Eddas islandesas.

La *Gesta Danorum* consta de dieciséis libros. Los libros del uno a nueve presentan la mitología de Escandinavia desde tiempos prehistóricos, junto con una historia semilegendaria. Mientras que los libros del decimocuarto a decimosexto tratan de la historia y las guerras eslavas, proporcionan una visión fascinante del paganismo de la región. La colección ilustra cómo se transformó la religión nórdica a lo largo de los siglos a través de las obras de historiadores de distintas partes de Europa.

La obra original de Sajón puede verse en el primer libro, que tiene muy poco que ver con otras obras de la misma época, pero en el que se aprecia claramente cierta influencia de la antigua Grecia. El libro se centra sobre todo en la historia de Gram y Signe, una princesa finlandesa, y en cómo Dinamarca se perdió a manos de los suecos. Hading, el hijo de Gram, intentó recuperar el país con la ayuda del dios nórdico Odín y con los gigantes. Los otros libros narran cómo los descendientes de Hading viajaron y asaltaron otros países, enfrentándose a numerosos acontecimientos divinos y obstáculos que se vieron obligados a superar.

Conocida como la Edda Joven, la Edda de Snorri o simplemente como la Edda, la Edda prosaica fue escrita por el islandés más famoso, Snorri Sturluson, poeta, político e historiador. Es un libro de texto que data del siglo XIII y se basaba en el "kenning", un tipo de circunloquio, y es nuestra mejor fuente de información sobre el paganismo nórdico islandés a pesar de estar muy influido por el cristianismo. Se basa en numerosas fuentes de todo el mundo nórdico germánico, especialmente de la Edda Poética, una serie de poemas que relata diversos mitos y figuras nórdicas.

La Edda prosaica consta de cuatro secciones. El prólogo ofrece una explicación cronológica de las deidades nórdicas. Le sigue el *Gylfaginning* (El embaucamiento de Gylfi), que ofrece al lector respuestas a preguntas sobre el paganismo nórdico, junto con la creación y destrucción de los dioses. Luego está el *Skaldskaparmal* (El lenguaje de la poesía), caracterizado por los diálogos entre Ægir, el dios del mar, y Bragi, el dios de la poesía, que combina el tema de la poesía y la mitología nórdica. Por último, está el *Hattatal* (Un catálogo de metros), en el que el autor habla de las formas tradicionales de la poesía, en particular la eskáldica.

Han sobrevivido siete copias de la Edda prosaica, todas ellas de 1300 a 1600 d. C., con diferencias. Parece que sirvió como libro de texto para que los poetas islandeses comprendieran las sutiles diferencias entre el verso aliterado y los significados utilizados en los poemas esdrújicos. Sin embargo, es una de las mejores fuentes de información sobre cómo se veía, creía y adoraba a los dioses nórdicos, incluso con la influencia del cristianismo.

El Codex Regius (Libro Real) es la más completa de las diversas copias de la Edda prosaica que han sobrevivido a lo largo de los siglos. Se cree que fue escrito en algún momento de la década de 1270 en Islandia y consta de 45 hojas de vitela, aunque originalmente se recopilaron ocho más. Contiene numerosos poemas antiguos centrados en el pueblo nórdico, sus tradiciones y creencias. Puede verse en el Instituto Arni Magnusson de Estudios Islandeses.

Con el significado de "Profecía de la Volva", una Vidente, la Völuspá es el más famoso de todos los poemas de la Edda prosaica. Relata cómo se creó el mundo, cómo será destruido y su posterior renacimiento por una vidente que habla con el dios Odín. De todas las fuentes de la mitología nórdica, la Völuspá es la más importante. Parte de ella aparece en la Edda prosaica, pero su totalidad se encuentra en los manuscritos Hanusbok y Codex Regius.

Entre los siglos VIII y X, los colonos nórdicos establecieron nuevas colonias en las Islas Feroe. El *Kvaeoi* es un manuscrito que incluye canciones que relataban no solo la historia de las islas ya en el siglo XIV (y tal vez antes), sino también acontecimientos, folklore, deidades y héroes. En 1781, Jens Christian Syabo inició una recopilación de estas canciones, pero no se publicaron hasta mediados del siglo XX.

Estas canciones son importantes porque narran historias de los dioses nórdicos, incluidos Odín, Loki y Hœnir, que no se encuentran en las fuentes islandesas. Uno de estos cuentos es el *Loka Tattur*, en el que un granjero pierde una apuesta con el gigante Skrymir y pide ayuda a Hœnir, Loki y Odín para salvar a su hijo. Los cuentos de las Islas Feroe son mucho más caprichosos que sus homólogos islandeses, pero demuestran que el paganismo nórdico está profundamente integrado en el folklore.

En los siglos XVIII y XIX surgió un nuevo movimiento en Europa Occidental, el romanticismo alemán, que se centró en los temas dominantes de la identidad alemana a través de la cultura, el pensamiento filosófico y el arte. Los románticos alemanes profundizaron en el tema del antiguo paganismo germánico anterior a la llegada del cristianismo. Sin embargo, las reconstrucciones del paganismo eran más ficticias y pasarían a desempeñar un papel importante en la religión posterior del odinismo. Sin embargo, la primera mención del "Odinismo" data de principios de la década de 1820.

Ásatrú significa "Fiel a los Æsir", aunque se traduce sobre todo como la creencia y el culto a los dioses Æsir. Fue dado por los paganos nórdicos como referencia al antiguo culto pagano y data de 1972, cuando se estableció la religión islandesa Ásatrúarfélagid.

Desde entonces, el nombre Ásatrú solo se ha considerado como la creencia y el culto a los dioses Æsir. Esto es particularmente cierto en los Estados Unidos. Sin embargo, a veces puede referirse al culto tanto de los dioses Æsir como de los Vanir, pero la mayoría de las veces no incluye a los jotun (gigantes) ni a los que se oponen a los Æsir.

La Ásatrúarfélagid (la Hermandad Ásatrú) fue reconocida oficialmente como organización religiosa en 1973. El máximo responsable religioso es el Allsherjargoði.

El fundador de Ásatrúarfélagid fue Sveinbjorn Beinteinsson, un poeta y granjero que murió en 1993. Su número de miembros rondó el centenar, pero el interés se extinguió rápidamente. Tras su muerte, un nuevo sacerdote asumió sus funciones. Se basó en el trabajo de su predecesor, estableciendo un cementerio Ásatrú, entre otras cosas. Esto ha continuado con el actual sumo sacerdote, que cuenta con miles de miembros registrados, de los que un tercio son mujeres.

La visión del mundo y el dogma religioso del Ásatrúarfélagid es más fluido que fijo, pero tiende a inclinarse hacia un punto de vista panteísta. La ceremonia más importante del Ásatrúarfélagid es el *blót*, una fiesta religiosa en la que los sacerdotes *godar* celebran funerales, bodas, ceremonias de entrega de nombres y otros acontecimientos significativos. Al igual que otras religiones, ha defendido sus creencias en la separación del Estado y la religión, el matrimonio homosexual, el aborto y cuestiones relacionadas con el medio ambiente.

La Asamblea Libre Ásatrú, también conocida como la Antigua AFA, es la predecesora de la actual Asamblea Popular Ásatrú. Stephen McNallen la fundó en los Estados Unidos de América tras establecer la Hermandad Vikinga. Posteriormente inició la creación de los grupos religiosos Troth, y la Alianza Ásatrú.

Como muchas otras religiones, el paganismo nórdico tiene varias sectas. La mayoría presenta una variación de las Nueve Nobles Virtudes, con dos conjuntos de virtudes establecidas para que los miembros vivan según ellas. Incluyen la perseverancia, la laboriosidad, la autosuficiencia, la hospitalidad, la disciplina, la fidelidad, el honor, la verdad y el valor.

PREGUNTAS

¿Puede cualquiera convertirse en un pagano nórdico?

Sí, cualquiera puede. Siempre que crea en los dioses nórdicos y siga sus enseñanzas, ¡es un pagano nórdico!

¿Tiene el paganismo nórdico una Biblia?

No. No existe un único canon o libro de texto religioso sobre el paganismo nórdico, a diferencia de otras religiones como el cristianismo y el islam.

¿Los paganos nórdicos son vikingos?

No. El término "vikingo" era una ocupación, mientras que el paganismo nórdico es una religión moderna.

¿Existe el concepto de "pecado" en el paganismo nórdico?

No, el término "pecado" es un tema cristiano que te aleja de Dios. Sin embargo, en el paganismo nórdico, cualquier acción que realice no será castigada por los dioses, aunque las normas sociales humanas puedan castigarla.

¿Se considera mala la homosexualidad en el paganismo nórdico?

En absoluto. El paganismo nórdico no tiene una doctrina que imponga los hábitos sexuales de sus seguidores. Ser homosexual en el paganismo nórdico no es pecado.

¿Tengo que dejarme crecer la barba?

En absoluto. Dejarse crecer la barba es su propia elección.

¿Puedo adorar a Loki?

Sí, puede hacerlo. Loki es uno de los dioses más populares para adorar y forma parte integral del paganismo nórdico. A diferencia de su reputación de malvado, no es maligno, y es seguro honrarle y adorarle.

Capítulo 2: Principales tradiciones y creencias

Antes de la introducción del cristianismo en la Edad Media, Escandinavia desarrolló su propia religión única, tan bella y feroz como el propio paisaje.

La tradición principal del paganismo nórdico se basa en diversas historias y mitos religiosos que presentan un vasto panteón de dioses, diosas, gigantes, monstruos, héroes legendarios y criaturas fabulosas.

Cuando el cristianismo se extendió por la antigua Escandinavia, descubrieron que los nórdicos no se referían a su religión con un nombre o término determinado (como "cristianismo" para los que lo seguían). Los nórdicos simplemente la llamaban "tradición". Sin embargo, los cristianos empezaron a llamarla "etenismo", y a cualquiera que siguiera las antiguas tradiciones se le llamaba "pagano". También era un término para los que vivían en zonas rurales, donde las antiguas tradiciones continuaron durante mucho tiempo después de que el cristianismo se convirtiera en la religión dominante. El nombre se mantuvo, y etenismo todavía se utiliza para referirse a una secta del paganismo nórdico.

El mito nórdico de la creación

El mundo no era más que silencio y oscuridad, un vasto abismo de nada llamado Ginnungagap, que se extendía entre el hielo elemental de Niflheim y el fuego elemental de Muspelheim.

Las llamas de Muspelheim y la escarcha de Niflheim se extendieron gradualmente más allá de sus fronteras hasta que finalmente confluyeron en Ginnungagap. La escarcha se fundió bajo las llamas al rojo vivo, silbando y chisporroteando, y las gotas de agua se juntaron y crearon a Ymir ("Gritón"), que se convirtió en el primero de los gigantes divinos. Ymir poseía órganos reproductores masculinos y femeninos y, mientras dormía, el sudor de sus axilas produjo más gigantes.

Las llamas derritieron más hielo, formando la vaca divina Auðumbla ("Abundancia zumbadora") Ymir se alimentó de su leche y lamió la sal del hielo. Mientras lamía el hielo, Buri ('Progenitora') descubrió a los primeros dioses Æsir. Buri dio a luz a su hijo Bor ('Hijo'), quien, con Bestla, la hija del gigante Bolthorn ('Espina Torva'), tuvo tres hijos, Odín, el dios supremo del panteón Æsir, y sus hermanos Ve y Vili.

Odín, Vili y Ve asesinaron a Ymir y comenzaron la tarea de utilizar su cadáver para crear el mundo. Su sangre se convirtió en los océanos, sus músculos y su piel en el suelo, su pelo en vegetación, su cerebro produjo las nubes y su cráneo se utilizó para formar el cielo, que fue sostenido por cuatro enanos asociados a los cuatro puntos cardinales, este, sur, norte y oeste.

El primer macho, Ask, y la primera hembra, Embla, fueron creados utilizando los troncos de dos árboles. Vivían en Midgard, que estaba cercada para protegerlos de los gigantes.

Ragnarök

El Ragnarök es la devastación definitiva cuando se destruye el universo; el mundo, las estrellas, los humanos y los dioses. Si la creación es el principio, el Ragnarök es el final. Los vikingos creían que el Ragnarök era una profecía, que predecía lo que estaba destinado a hacerse realidad en el futuro, pero se desconocía la fecha y la hora.

Aunque los antiguos escandinavos no sabían el momento exacto en que se produciría el Ragnarök, comprendían sus ramificaciones.

Ragnarök significa "Destino de los Dioses". Otras de sus derivaciones incluyen el destino de la humanidad y el crepúsculo de los dioses.

Cuando las del destino, conocidas como las nornas, decidan que ha llegado el momento, crearán el Gran Invierno (Fimbulwinter, o fimbulvetr). La nieve cubrirá el mundo de blanco, los vientos la transportarán en todas direcciones, y el calor del sol desaparecerá, sumiendo la temperatura en profundidades heladas que no podrán soportar la vida durante tres inviernos sin ningún verano entre ellos. Los humanos, incapaces de cultivar alimentos o de satisfacer otras necesidades, olvidarán todas las leyes y normas, lo que les obligará a luchar por sobrevivir. Será una época en la que las familias caerán en el derramamiento de sangre, destruyendo a los demás y a sí mismas.

Al principio de los tiempos, los dos lobos, Sköll y Hati, habían estado persiguiendo al Sol y a la Luna, pero nunca los alcanzaron. Ahora lo harán. Las estrellas se desvanecerán del cielo, dejando nada más que una completa oscuridad extendida por los cielos. Las montañas se desmoronarán, los árboles caerán y Yggdrasil, el gran árbol que mantiene erguido el universo, empezará a temblar. Fenril, el lobo monstruoso, romperá las cadenas que lo sujetan, y la gigantesca serpiente Jörmundgander surgirá del fondo del mar y hará que el agua inunde el mundo cuando llegue a tierra firme.

Toda esta conmoción desprenderá al Naglfar (Barco de Clavos) de sus amarras permitiéndole navegar a través del mundo inundado. El barco fue construido con los clavos de hombres y mujeres muertos, y su tripulación está formada por gigantes caóticos y perturbadores. Loki capitaneará el Naglfar, que traicionó a los dioses y por fin se liberó de las cadenas en las que le encerraron los demás dioses.

El monstruoso Fenrir lo consumirá todo a su paso, sus mandíbulas inferiores raspando la tierra y las superiores rasgando el cielo mientras de su nariz y ojos brotan fuegos. La monstruosa serpiente Jörmundgander envenenará el aire, el agua y la tierra con su veneno.

El cielo se rasgará, permitiendo el paso de los gigantes de fuego de Muspelheim. Liderados por Surt, que empuña una espada cubierta de llamas más calientes que el sol, cruzarán el puente arco iris Bifröst y entrarán en el reino de los dioses, Asgard. El puente arco iris se agrietará y finalmente se romperá. El dios centinela Heimdal hará sonar el cuerno de Gjallarhom para advertir a los demás dioses de que los gigantes han llegado, lo que permitirá al dios Odín pedir consejo a la cabeza del más sabio, Mímir.

La batalla tendrá lugar entre los dioses y los gigantes a pesar de que los dioses saben que está profetizado que no ganarán. La lucha tendrá lugar en Vígríðr, en nórdico antiguo, por "Llanura donde surge la batalla".

Odín luchará contra Fenrir junto a los einherjar. Son guerreros humanos salvaguardados en el Valhalla, la tierra de los muertos. Juntos, lucharán con valentía e incluso con más determinación que nunca. Por desgracia, no tendrán éxito. Odín y los einherjar serán engullidos por Fenrir. Viðarr, uno de los tres hijos de Odín, se enfurecerá y, calzando los zapatos hechos con retazos de cuero desechado creados por los humanos, mantendrá abiertas las fauces de Fenrir el tiempo suficiente para atravesarle la garganta con su espada y matarlo finalmente.

El dios Tyr matará al lobo Garm, pero morirá en el proceso. Loki y Heimdal lucharán entre sí, cada uno matando al otro, pero muriendo en el proceso. Aunque Loki no puede hacer nada para dañar a los otros dioses, la pérdida de Heimdal, uno de sus mayores guerreros, les causará un gran daño. El gigante Surt y el dios Freyr harán lo mismo. El dios Thor se enfrentará a la serpiente Jörmundgander y utilizará su martillo para hacer llover golpes sobre su cabeza y matarla. Sin embargo, el veneno de su cuerpo cubrirá el cuerpo de Thor hasta tal punto que morirá a causa de él. Se tambaleará durante nueve pasos antes de sucumbir a la muerte, y su cuerpo se sumará al interminable torrente de sangre del campo de batalla.

Lo poco que quede de la Tierra caerá finalmente al mar, y solo quedará el vacío, sin dejar rastro de lo ocurrido desde la creación.

Una versión posterior del mito cuenta que de este vacío surgirá un nuevo mundo, exuberante de nueva vida y nuevos comienzos. Solo unos pocos dioses se salvarán de perecer. Entre ellos se encuentran Viðarr, Balder, Vali, Modi, Höðr y Magni.

Una pareja de humanos, Lif (Vida) y Lifthrasir (ávido de vida), serán los únicos que habrán sobrevivido al Ragnarök escondiéndose en Hoddmímis Holt (Bosque de Hodmímir). Ahora emergen y repoblarán esta nueva tierra. La hija del viejo sol emerge de la oscuridad, trayendo luz y calor, mientras un nuevo gobernante toma el mando y supervisa el funcionamiento de esta flamante creación.

Yggdrasil

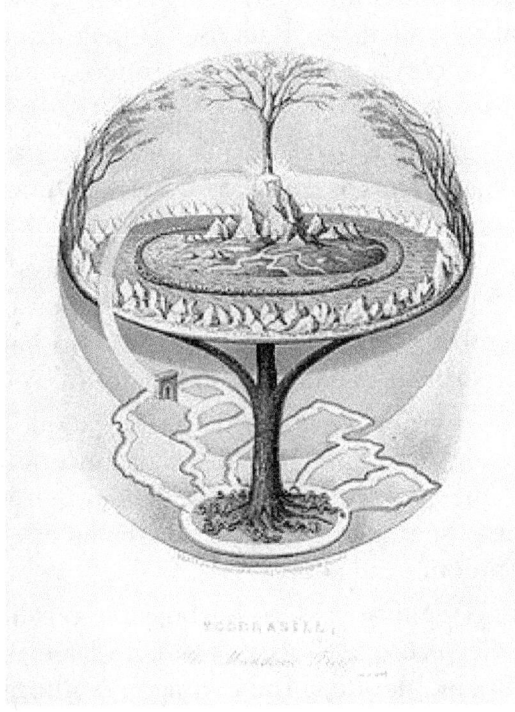

El árbol del mundo. Fuente: Oluf Bagge
https://commons.wikimedia.org/wiki/File:Oluf_Olufsen_Bagge_-_Yggdrasil,_The_Mundane_Tree_1847_-_full_page.jpg

Procedente de la palabra nórdica antigua Yggdrasil, o Askr Yggdrasils, en referencia al árbol que forma el centro del universo nórdico, los Nueve Mundos están dispuestos alrededor del árbol, todos conectados por raíces y ramas. Por ello, todo el universo se mantiene unido por Yggdrasil. Cuando empieza a temblar, significa el comienzo del fin del universo, o Ragnarök.

Según las fuentes más antiguas sobre mitología nórdica, Yggdrasil es un fresno, aunque hay más que afirman que la especie del árbol Yggdrasil es indeterminada.

La cima del Yggdrasil está cubierta de nieve, más alta que las nubes, y el rocío resbala por las hojas. Las raíces se extienden hasta las profundidades del inframundo, donde nadie puede mirar antes de morir, salvo los chamanes.

Mientras los dioses celebraban reuniones cada día en Yggdrasil, también había numerosos animales. Nidhogg, un enorme dragón, se sentaba en la base del tronco de Yggdrasil mientras las serpientes roían sus raíces. Un águila sin nombre se sentaba en lo alto de las ramas superiores del árbol mientras Ratatoskr (que significa Diente de Taladro), una ardilla, corría a lo largo del tronco, pasando insultos del águila al dragón y viceversa.

La muerte de Yggdrasil y la del cosmos real están representadas por las actividades de cuatro ciervos llamados Dvalinn, Duneyrr, Durathror y Dainn.

En el poema épico Grímnismál, hay tres raíces principales de Yggdrasil. Una se encuentra en el inframundo, otra en Jötunheim y otra en Midgard. Sin embargo, el Völuspá dice que solo hay una única raíz conocida como Urðarbrunnr, o el Pozo del Destino, o el Pozo de Urd.

Snorri Sturluson escribe en la Edda prosaica que hay tres pozos situados a lo largo del Árbol de la Vida, cada uno de ellos con raíces paralelas. Se dice que el Pozo de Urd está situado en el cielo y que la raíz que emerge de él se retuerce hacia arriba. Es en este pozo donde los dioses celebran reuniones cada día.

"Hvergelmir", que significa caldero burbujeante o caldero rugiente, es el segundo pozo. Se dice que está situado bajo la segunda raíz que se extiende hasta Niflheim, donde la roe el dragón Nidhogg. El tercer pozo pertenece a Mímir, cuya raíz se extiende hasta el mundo de los gigantes.

Las fuentes nórdicas más antiguas nunca nos dicen qué eran los Nueve Mundos. La información y las representaciones que tenemos datan de periodos muy posteriores. Debido a esta falta de caracterización y a la información fluida e incluso contradictoria, no se cree que exista una única fuente o mapa donde se trazaran los Nueve Mundos que abarcara lo que todos los paganos nórdicos creían.

Sin embargo, varias referencias podrían ayudarnos a trazar un mapa generalizado de dónde se creía que estaban situados algunos de los Nueve Mundos. Parece que estaban dispuestos en dos filas, una horizontal y otra vertical.

Las pruebas sugieren que estaban situados en una línea vertical y otra horizontal. La primera constituye el tronco de Yggdrasil, con el inframundo situado justo en las raíces mismas del árbol, el reino mortal de Midgard, situado en la parte inferior del tronco de Yggdrasil, en el centro, y Asgard ocupando la posición justo en la cima central.

El eje vertical corresponde al tronco de Yggdrasil. El inframundo se situaba en la parte inferior junto a las raíces, Midgard en la base del árbol y Asgard en la cima.

Se creía que la fila horizontal se basaba en los principios de innangard y utangard. Innangard y utangard (derivadas de las palabras nórdicas antiguas *innangardor* y *utangardor*) son referencias a estados tanto psicológicos como geográficos. El primero se refiere a ser civilizado, legal y ordenado, y el segundo, a ser desordenado, salvaje y caótico. Por lo tanto, Asgard sigue estando situada en la copa del árbol, pero se coloca sobre el tronco de Yggdrasil, Midgard está en el centro y Jötunheim se sitúa más lejos del tronco. No podemos estar seguros de su ubicación para el resto de los Nueve Mundos.

Capítulo 3: Los dioses Æsir

Pronunciados *Aice-er*, los dioses Æsir eran uno de los dos panteones principales de deidades adoradas por los paganos nórdicos, siendo el otro el de los Vanir. Los Æsir (denominados Áss para un dios singular o Ásynja para una diosa singular, Æsir para múltiples dioses y Ásynjur para múltiples diosas) cuentan con muchos de los dioses más populares, como Odín, Thor, Balder, Frigg, Iðunn y Heimdal. Viven en Asgard, uno de los Nueve Mundos y el que se asienta en las ramas más altas del Yggdrasil.

Odín

Odín y sus dos lobos
https://commons.wikimedia.org/wiki/File:Odin_(Manual_of_Mythology).jpg

Pronunciado *O-dín*, Odín es uno de los dioses más conocidos y queridos del panteón Æsir. Conocido como Odinn en nórdico antiguo, Wōđanaz en protogermánico, Wuotan, Wotan y Wodan en alto alemán, y Woden tanto en inglés antiguo como en sajón antiguo, Odín era considerado el rey del panteón Æsir a pesar de pasar largas temporadas fuera del mundo Æsir.

Odín es conocido por dar consejos y por su dedicación en sus afanes, aunque tiene poca consideración por la ley, la tradición, la igualdad y la integridad. Esto lo demuestra al ser el dios patrón tanto de los criminales como de los gobernantes.

Otra dualidad es que es a la vez el dios de la poesía y de la guerra, con cualidades femeninas y masculinas que harían avergonzarse a cualquier guerrero vikingo posterior. Conocido por ser bastante embaucador, seguía siendo adorado por aquellos que buscaban nobleza, honor y fama.

El nombre de Odín deriva de dos partes que significan "Maestro del Éxtasis". La sección inicial, Odr, se traduce como "éxtasis", "furia" e "inspiración". La otra sección, "-inn", representa "maestro de".

Odín es, por tanto, la encarnación de los aspectos coalescentes tras las múltiples partes de la vida que acusa, incluyendo la muerte, la poesía, el chamanismo, la magia, la sabiduría, el gobierno y la guerra.

La cultura moderna suele presentar a Odín como un gobernante justo y moral y un experimentado comandante militar. Sin embargo, los antiguos nórdicos lo veían como un personaje totalmente distinto que incitaba a la guerra a quienes llevaban una vida pacífica, a menudo con una satisfacción aterradora.

Odín se mantiene alejado de los guerreros cotidianos debido a su asociación con *gobernar*. En su lugar, prefiere bendecir solo a aquellos que cree que merecen tal cosa de él. Por ejemplo, Starkaðr, el nieto humano del gigante de ocho brazos del mismo nombre y de la familia Volsung, recibió muchas bendiciones del dios.

Se dice que Odín tenía una fuerte relación con los berserkers y los chamanes guerreros. Ambos grupos llevaban a cabo ciertos rituales religiosos para ponerlos en un estado de trance extático a través de tótems (osos para los berserkers, ya que su nombre significa "camisas de oso", y lobos para los otros, conocidos como *úlfheðnar*, que significa "pieles de lobo") que aumentaban sus habilidades de lucha, ya que Odín era el maestro de estas criaturas.

Debido a esto, Odín es la personificación del frenesí salvaje y caótico en la batalla (como el de Ares en la mitología griega) más que de las razones reales de los conflictos y sus resultados.

La inclinación de Odín por las clases sociales más altas se extiende a todos los aspectos de la civilización. Se le atribuye ser el antepasado de muchas líneas reales humanas, lo que refuerza su patrocinio de los gobernantes.

En la antigüedad, el pueblo germánico había establecido una jerarquía social y política basada en tres niveles. En la cima de esta escala social se encontraban los gobernantes, el medio estaba formado por los guerreros, y el tercer y último peldaño comprendía a los agricultores y a todos los demás integrantes de la industria de la producción. Colocaron a los dioses Æsir en este mismo sistema. Odín y Tyr fueron colocados en la cima. Sin embargo, ambos tienen fuertes diferencias; Odín es un gobernante engañoso, enigmático y deslumbrante que gobierna con el uso de la magia, mientras que Tyr es sobrio, recto y gobierna con justicia y leyes.

Odín era a menudo venerado por criminales, especialmente por aquellos que habían sido exiliados por crímenes terribles. Muchos de ellos eran poetas guerreros que se rebelaban contra las tradiciones y costumbres sociales. Sajón Gramático, el historiador de los siglos XII y XIII, relató una historia en la que Odín fue desterrado de Asgard durante una década para evitar que los demás dioses cayeran en el ostracismo por sus terribles actos.

Odín también es conocido por su aspecto, en particular por tener solo un ojo. Impulsado por su necesidad de comprender cualquier misterio, viajó a Yggdrasil en busca del conocimiento absoluto.

Viajó por el tronco de Yggdrasil hasta que encontró el pozo en el fondo. Mímir, el sombrío y misterioso, guardaba el pozo, sin embargo, era la criatura más sabia que había nacido. Odín pidió beber del agua. Mímir se negó, ya que sabía que el agua del pozo estaba imbuida del conocimiento de todo lo que existe en el universo. Finalmente, Mímir accedió, pero solo con la condición de que Odín sacrificara su ojo. En respuesta, Odín se arrancó el ojo y lo arrojó a las profundidades del pozo.

Mímir cogió un cuerno, lo sumergió en el agua y permitió que Odín bebiera y absorbiera todo el conocimiento mágico que contenía.

Otra historia cuenta cómo Odín decidió sacrificarse. Se hirió con su lanza antes de colgarse durante nueve días, sin beber ni comer nada durante ese tiempo. Una vez transcurrido este tiempo, descubrió las runas, el antiguo alfabeto que los germánicos creían que contenía numerosos secretos del universo.

De todos los dioses, Odín era uno de los mayores practicantes del chamanismo, el otro era Freya. Muchos poemas épicos describen cómo utilizaba el chamanismo para permitir que su espíritu realizara viajes, uno de ellos incluido el viaje al inframundo para hablar con una vidente difunta.

Varias criaturas y seres suelen acompañar a Odín. Entre ellas se encuentran las valquirias, los cuervos Munin y Hugin, y Freki y Geri, los lobos.

Muchos escritores romanos solían equiparar a dioses de otros panteones con los del suyo propio. A Odín se le equiparaba a menudo con Mercurio, el dios que acompaña a las almas de los muertos al inframundo, teniendo un pie en la vida y otro en la muerte. Esto ilustra lo fuerte que era la importancia de Odín en la muerte, mucho más que en cualquier otra característica, incluida la guerra. De lo contrario, los romanos lo habrían equiparado a Marte, el dios de la guerra.

Después de cada batalla, Odín y las valquirias recorrían el campo de batalla y reclamaban la mitad de los espíritus para llevárselos al Valhalla, la morada de los muertos.

Se le ofrecían muchos sacrificios humanos, sobre todo si el sacrificado pertenecía al ejército enemigo o era de sangre noble o real. La mayoría de las veces, los sacrificios a Odín se realizaban de la misma forma que el daño que se había hecho a sí mismo, herido con una lanza o colgado, a veces ambas cosas.

Su dominio fomenta la asociación de Odín con la muerte para comunicarse con los muertos. Mientras Odín se dedica a aprender todo lo que los muertos pueden ofrecer, los quiere en su ejército. Después de todo, necesitará a los mejores guerreros cuando llegue el Ragnarök y se enfrente a Fenrir, el lobo monstruoso, a pesar de saber que morirá en el campo de batalla.

Snorri Sturluson llama a Odín "el padre de todos los dioses" (en nórdico antiguo se le llama Alfadir), que es probablemente la razón por la que tantas familias reales antiguas se referían a él como su antepasado. Además de ser un dios Æsir , ya que su madre fue una de las primeras generaciones de gigantes de las heladas, también se le sitúa en los panteones Vanir y de los gigantes.

Thor

Thor es quizá uno de los dioses más famosos de la mitología nórdica. Llamado Punraz en protogermánico, Donar en alto alemán antiguo, Dunor en inglés antiguo y Þorr en nórdico antiguo, fue ampliamente venerado en todo el mundo germánico por numerosas tribus. Sin embargo, el apogeo de su culto se produjo durante el periodo vikingo tardío.

Thor, el dios del trueno, es representado como honorable y justo y personifica el concepto de lealtad. Debido a ello, es a él a quien los humanos aspiran a imitar. Defiende a los dioses Æsir y sus hogares de la invasión de los gigantes, considerados como el enemigo definitivo.

Nadie está mejor preparado para manejar esta situación, ya que su determinación solo es igualada por su fuerza física, que refleja su valentía y sentido de la responsabilidad. Su poder se duplica cuando lleva un *megingjardar*, un cinturón mágico que aumenta su fuerza cuando lo lleva puesto. Sin embargo, es Mjölnir, que se traduce como "rayo", su posesión más famosa. Se trata de un martillo, y solo hay unos pocos casos en los que no lo lleva encima. Los antiguos nórdicos consideraban a Thor como la personificación del trueno, mientras que Mjölnir era la encarnación del rayo al golpear a un gigante.

Si Fenrir es el principal enemigo de Odín, Jörmundgander es el principal enemigo de Thor. Jörmundgander es una serpiente gigante que rodea el mundo humano. Una historia cuenta que Thor intentó sacar a la gigantesca serpiente de las profundidades del océano, pero sus compañeros se asustaron tanto que cortaron el sedal. Se supone que Thor y Jörmundgander lucharán entre sí cuando comience el Ragnarök, y que se matarán mutuamente.

Teniendo en cuenta que Thor es considerado el poderoso cazador de gigantes, resulta un poco irónico que él mismo sea en su mayor parte un gigante. Odín, su padre, era hijo de un gigante él mismo, y su madre (a veces llamada Jörð, que significa Tierra en nórdico antiguo, Fjörgyn o Hlôdyn) es una gigante ella misma. Sin embargo, este tipo de ascendencia puede verse en la mayoría de los dioses Æsir e ilustra lo intrincadas que son las relaciones y tensiones entre los gigantes y los dioses.

Al igual que Thor era el gran protector de Asgard y de los dioses, también lo era de Midgard y de los humanos. Se le invocaba para que bendijera a las personas, los lugares, las cosas y los acontecimientos. Tenemos antiguas inscripciones rúnicas que invocan a Thor para que bendiga a la gente en las bodas. Esto último también puede verse en el mito en el que se disfrazaba de novia. Antes de que los colonos islandeses construyeran edificios o plantaran semillas, le invocaban para que bendijera sus tierras.

El martillo de Thor era tan poderoso en sus bendiciones como en su capacidad para matar. Thor utilizaba su martillo para purificar acontecimientos, personas y cosas. Después de todo, purificación significa expulsar elementos de negatividad, peligro o aspectos hostiles. Utilizó a Mjölnir para sacrificar las cabras que tiraban de su carro por el cielo, luego recogió las cabras y las colocó junto a los huesos. Al golpear las pieles, el martillo devolvió la vida a las cabras, que volvieron a estar tan sanas como antes.

Este acto de bendición se extiende a un papel importante en la fertilidad y la agricultura. Esto se simboliza al ser un dios del cielo, en particular con la lluvia que favorece el florecimiento de los cultivos. Sif, la esposa de Thor, que apenas se menciona, es especialmente famosa por su larga cabellera dorada, que simboliza los cereales. Este tipo de matrimonio se denomina hierogamia, en referencia a la unión de un dios del cielo y una diosa de la tierra. La fertilidad de la tierra procede del matrimonio del cielo y la tierra.

Thor es un dios antiguo, con pruebas arqueológicas de su culto que se remontan a la Edad de Bronce, aunque ha sufrido varias transformaciones importantes a lo largo de los años. Sin embargo, un aspecto que ha permanecido constante desde los periodos más antiguos es su papel como dios principal del segundo peldaño del mundo sociopolítico de los guerreros (el primero corresponde a los gobernantes y el tercero a los agricultores).

Durante el periodo vikingo, adquirió importancia para la gente de la tercera categoría. Fue una época en la que la sociedad escandinava experimentaba grandes cambios, provocando el caos y las invenciones, lo que hizo que se convirtiera en el dios principal de los plebeyos, no solo en todo el mundo germánico, sino también en las colonias lejanas.

Thor era todo lo contrario a su padre. Odín era la encarnación del éxtasis, el poder de la magia, la búsqueda del conocimiento a toda costa... y era adorado por los marginados y la élite social. Muchos poemas y sagas antiguas cuentan que la relación de Thor con su padre está llena de tensiones debido a sus personalidades opuestas, que a menudo se burlan de él.

Durante la era vikinga (793 - 1000 d. C.), las líneas que separaban los grupos sociales empezaron a desvanecerse, lo que aumentó tanto el atractivo de Thor que se hizo más popular que su padre.

Esto pudo verse de forma destacada en Islandia, donde los nórdicos se asentaron durante el siglo IX, donde las fuentes escritas muestran a la gente utilizando Thor en sus nombres. En Islandia, Thor se convierte no solo en el dios principal, sino en la deidad patrona de las nuevas colonias, su fuerza y sus leyes.

Otra razón del culto a Thor en la era vikinga es el cristianismo. Cuando los emigrantes anteriores se establecieron en Escandinavia, trajeron consigo a sus dioses, y el pueblo aceptó y toleró a las nuevas deidades. Sin embargo, cuando llegaron los cristianos, quedó claro que no tolerarían ningún otro dios que no fuera el dios cristiano. Como resultado, los escandinavos se volcaron en el culto a Thor, su valiente y leal protector que les defendería del dios extranjero. Tomaron las cruces cristianas, las convirtieron en martillos que llevaban al cuello y siguieron practicando sus antiguas tradiciones.

Loki

Pronunciado Lou-qui, Loki es uno de los dioses más coloridos e interesantes de la mitología nórdica, no solo entre los Æsir, sino junto a los gigantes y otros seres sobrenaturales.

Esto lo vemos en su árbol genealógico. Loki era hijo de Farbauti, un gigante cuyo nombre significa "Golpeador peligroso", y su madre era Laufey o Nál (que significa "Aguja"), según la fuente. Sin embargo, estas fuentes no dicen si ambas eran consideradas gigantes o diosas. Junto con la giganta Angrboda, que significa "la que trae pesar", Loki fue el padre de Hel, la diosa del inframundo, Fenrir, el lobo monstruoso que se dice que mató a Odín durante el Ragnarök, y Jörmundgander, la serpiente gigantesca que rodea Midgard.

También engendró al dios Narfi, a veces Nari ('Cadáver'), con su esposa Sigyn, cuyo nombre se traduce como Amiga de la Victoria.

Además de esto, Loki es en realidad madre, lo que va en contra de las leyes de la naturaleza, pero es un tema común para el dios que desafía toda norma social normal. Da a luz a Sleipnir, el caballo chamánico mágico que monta Odín. Este embarazo se produce cuando Loki se transforma en una yegua para seducir a Svaðilfari, el semental.

Los cuentos arcaicos retratan a Loki como un fugitivo decadente al que solo le preocupan la diversión y los juegos. Aunque a menudo se muestra desenfadado, rápidamente se vuelve malévolo y luego vuelve a ser benéfico, produciendo destrucción y agitación a continuación.

Un relato antiguo dice que Loki fue secuestrado por Þjazi, uno de los dioses Jötnar, y le exige que regrese con Iðunn, la diosa. Para salvar su vida, Loki secuestra a la diosa y se la entrega. Sin embargo, al enterarse de este crimen, los dioses ordenan a Loki que lleve a Iðunn de vuelta a Asgard o lo matarán. Con su vida en juego por segunda vez, Loki se transforma en halcón y se la lleva de la casa del gigante. Enfurecido por ello, Þjazi se transforma en águila y vuela por el cielo tras ellos. Justo cuando Þjazi estaba a punto de agarrar a Iðunn con sus garras, Loki vuela hacia Asgard y los demás dioses levantan un escudo protector mágico alrededor de su hogar, que quema al Jötnar hasta reducirlo a cenizas. En este mito, vemos que Loki ayuda a devolver a Iðunn a su hogar, aunque únicamente para salvar su propia vida después de haber sido el responsable de su secuestro en primer lugar. Es un tema que se repite en toda la mitología.

La hija de Þjazi, Skaði, se presenta en Asgard para exigir una compensación por la muerte del gigante. Pide varias cosas, una de ellas que los dioses la hagan reír.

Ata una cuerda a la barba de una cabra mientras ata el otro extremo a sus testículos. Ambos intentan zafarse y los gritos y chillidos resultantes obligan a Loki a caer en su regazo, haciéndola rugir de risa. Loki ayuda a los dioses, pero solo a través de sus extrañas y ridículas maneras en lugar de realizar grandes hazañas de valentía, fuerza y destreza, algo deshonroso para los de la época vikinga.

Dependiendo de lo que sea más agradable y tenga mejor resultado, Loki ayuda a los gigantes y a los dioses. Cuando llegue el Ragnarök, luchará del lado de los gigantes, capitaneando el barco Naglfar y transportando a los gigantes al campo de batalla donde lucharán contra los dioses. Se dice que luchará contra el dios Heimdal, pero ambos se matarán mutuamente.

El mito más famoso de Loki es su papel en la muerte de Balder. Se profetizó la muerte de Balder, uno de los dioses más queridos y gentiles.

Cuando su madre, la diosa Frigg, se enteró de ello, empezó a arrancar a todo ser viviente la promesa de no matarle. Sin embargo, no consiguió esta promesa del muérdago, un arbusto espinoso que ella no consideraba lo suficientemente dañino como para tener valor.

Al enterarse de este secreto, Loki cogió una rama de muérdago y fabricó con ella una lanza. Después, se la regaló al dios ciego Höðr y le convenció para que se la arrojara a Balder.

Sin darse cuenta de lo que era ni de su potencial, lanzó la lanza de muérdago contra Balder, que murió al instante.

Hermóðr montó en el caballo de ocho patas Sleipnir hasta el Inframundo para pedir la liberación inmediata de Balder. Informó a Hel, la diosa que gobernaba el reino de los muertos, de que el mundo amaba tanto a Balder que su pérdida hacía que el mundo fuera más oscuro y menos agradable. Hel accedió a liberar a Balder con una condición: que todos los seres vivos del mundo lloraran por Balder.

Todos los seres vivos empezaron a llorar por Balder excepto una única giganta de escarcha llamada Tokk (cuyo nombre en nórdico antiguo significa "Gracias"), que se cree que es un Loki disfrazado, lo que obligó a Balder a permanecer en el inframundo.

Como Loki comete numerosos crímenes, los dioses finalmente se hartan de sus costumbres y fabrican una cadena con las entrañas de Narfi, encadenándolo a tres rocas dentro de una cueva. Allí, una serpiente serpentea por la parte superior de la cueva, donde gotea veneno sobre su cuerpo. Cogiendo un cuenco, Sigyn, la esposa de Loki, lo coloca encima de su marido para recoger el veneno. Cuando el cuenco está lleno, lo saca del pecho de Loki y lo vierte fuera de la cueva. Sin embargo, hasta que ella regresa y se lo vuelve a colocar, él se ve obligado a soportar el insoportable dolor. Su retorcimiento provoca terremotos en todos los mundos, y este castigo continuará hasta el día en que se libere en el Ragnarök.

La obra de Sajón Gramático, La historia de los daneses, relata cómo Thor viaja a la tierra de los gigantes, Jötunheim . Allí, descubre a Útgarða-Loki (que se traduce como Loki del Utgard), que está encadenado al igual que Loki en el mito anteriormente mencionado. Sin embargo, este cuento tiene su origen en Islandia e ilustra cómo los paganos de Escandinavia tenían distintas opiniones sobre la naturaleza de Loki: un gigante, un dios o algo completamente distinto.

Incluso después de todos estos años, seguimos sin saber con certeza qué significa el nombre de Loki. Un estudioso reciente llamado Eldar Heide ha sugerido que su nombre aparece regularmente en aspectos que lo asocian con un nudo de hilo entrelazado. En Islandia, *Loki* es un sustantivo que se traduce como "maraña" o "nudo", comparándolos metafóricamente con las redes de pesca que creó a partir de bucles y nudos dentro de los mitos que datan de la era vikinga. Si este es el caso, el nombre de Loki podría traducirse como "Enredado" o "Nudo".

Este significado parece hacerse eco de su papel en más de un sentido en el paganismo nórdico. En primer lugar, muestra su papel en la creación tanto de redes de pesca como de redes más representativas, es decir, tramas que atrapan a las deidades en diversas instancias. En segundo lugar, alude a que él es la parte "enredada" del panteón de dioses, todos los cuales se consideraba que tenían papeles "rectos" en el universo, y ésta es la falta mortal que acabará por destruirlos.

A pesar de ser llamado dios, Loki representa la parte caótica de la sociedad y las normas sociales.

Frigg

Derivada de la palabra nórdica antigua que significa "Amada", Frigg era la diosa de mayor rango en el panteón de los Æsir. Frecuentemente denominada Frigga en inglés, fue la esposa de Odín y, por él, la madre de Balder.

Aunque era una de las diosas principales que ocupaban un lugar elevado en el panteón, no disponemos de mucha información sobre su personalidad, cuáles eran sus logros o qué características se le atribuían. Las veces que se la menciona en fuentes antiguas, aparece solo como referencia a rasgos atribuidos en combinación con Freyr.

Fuentes posteriores de la era vikinga retratan a Frigg y Freyr como diosas separadas que en realidad se habían originado como una deidad singular y que ahora compartían todo excepto el nombre.

Al igual que Freyr, Frigg es retratada como un tipo de practicante de magia conocida como volva, que utiliza la magia seidr. Esta magia se utilizaba para determinar el destino de las personas y cómo podía utilizarse para cambiar los resultados, normalmente tejiendo instancias metafóricas. En el poema Lokasenna, Loki cuenta mentiras sobre Frigg, y Freya le recuerda que la diosa es muy consciente de lo que el destino depara a todo el mundo, incluido él, aludiendo a su práctica de la magia seidr. Lo más probable es que su habilidad para tejer derive de esto.

Al igual que Loki, Frigg era capaz de cambiar de forma utilizando plumas tomadas de aves. Frigg poseía plumas de halcón que le permitían adoptar esa forma.

Durante la época vikinga, las volvas eran videntes y hechiceras errantes, que iban de una ciudad a otra donde practicaban la magia seidr en nombre de otros a cambio de diversas compensaciones como comida y alojamiento. Como todos los chamanes, eran recibidas con una combinación de exaltación, respeto, miedo, celebración y desprecio.

Durante lo que se conoce como el periodo de migración (c. 400 - 800 d. C.), que precedió a la era vikinga, se hizo común que las bandas de guerra estuvieran dirigidas por un jefe y su esposa, a la que se denominaba veleda. Su papel consistía en profetizar lo que ocurriría con cada plan que idearan y practicar la adivinación y utilizar la magia para asegurar ese resultado. Esto se basaba en la relación de Wōđanaz y Freja, que más tarde se convertirían en Odín y Freya/Frigg - Wōđanaz como jefe de la banda de guerra, y Freja como Freyr/Frigg y su veleda.

La mitología nórdica dice que Frigg es la esposa de Odín. En la Edda prosaica, el nombre de su marido se deletrea *Odr*; se afirma que él había estado ausente durante largos periodos, lo que la hacía llorar lágrimas rojas y doradas.

A menudo se dice que Frigg mantuvo relaciones con otros dioses mientras su marido estaba ausente en esos largos viajes. Sajón Gramático afirmó que Frigg mantuvo relaciones sexuales con una esclava, y en la Saga de los Ynglings y en el poema de Lokasenna, Frigg mantuvo regularmente relaciones sexuales con Ve y Vili, los hermanos de Odín, hasta que éste regresó a casa. Los eruditos han intentado separar las dos figuras, Frigg y Freyr, afirmando que Freya tuvo más aventuras amorosas que Frigg, pero las historias que las rodean no lo demuestran en absoluto.

Freja, una diosa protogermánica primitiva en la que Frigg y Freya se basaron mucho más tarde, dio su nombre a la palabra *Friday* (viernes).

La palabra *Freya* significa "Dama" y es más un título que un nombre real. El equivalente moderno sería "Señora". Sin embargo, el término Frigg deriva de una palabra mucho más antigua que se traduce como "amada". Como tal, la diosa Frigg está vinculada con el sexo y la pasión.

Balder

Pronunciado *Balder* (deletreado Baldr en nórdico antiguo y Baldur en feroés e islandés modernos), Balder forma parte del panteón de los Æsir y es hijo de la diosa Frigg del dios Odín. Es el padre de Forseti y el esposo de la más bien ambigua diosa Nanna. Es conocido como el dios al que todos los seres vivos aman y es tan feliz, amable y bello que la luz irradia de él.

El significado de su nombre sigue siendo objeto de controversia y confusión. Se ha sugerido que su nombre deriva de la palabra protoindoeuropea *bhel* (que significa "blanco"), de la palabra "Señor" en las lenguas germánicas y de *bal*, o "fuego", en nórdico antiguo. Sin embargo, lo más probable es que su nombre provenga de la palabra nórdica antigua *baldr*, que se traduce como "audaz". A pesar de ser éste el caso más probable, alude a una personalidad más guerrera para el dios, que es todo lo contrario de fuentes posteriores en las que Balder era retratado como un personaje amable y gentil.

La Edda prosaica escrita por Snorri Sturluson nos proporciona un relato casi completo del mito de la muerte y el renacimiento de Balder. Balder sueña que va a morir. Al conocer la noticia, su madre Frigg suplicó a todos los seres vivos del mundo con la promesa de que nunca le harían daño. Como amaban al dios, accedieron. Muchos de los dioses empezaron a lanzarle todo tipo de armas, junto con otros objetos, solo para verlos caer al suelo sin dejarle ni una sola marca.

Al ver esto, el dios embaucador Loki decidió que se divertiría un poco con la situación. Casualmente le preguntó a la diosa Frigg si había recibido la promesa de cada pequeña cosa o si se le había olvidado algo. Ella respondió diciendo que como el muérdago era demasiado seguro y pequeño, no le había pedido la promesa. Loki cogió el muérdago y creó una lanza con él. Se la dio a Höðr, el dios ciego, y le dijo que la lanzara. La lanza golpeó a Balder, que murió inmediatamente.

Los dioses celebraron entonces una reunión entre ellos y declararon que alguien debía visitar el inframundo y convencer a la diosa Hel de que liberara a Balder. El hijo de Odín, Hermóðr, aceptó y montó en el caballo de su padre, Sleipnir, hasta el inframundo. Allí encontró a Hel, la diosa que gobierna el inframundo, con Balder sentado a su lado. Hermóðr rogó y suplicó a Hel que dejara marchar a su hermano. Finalmente, ella le dijo que Balder podía ir con una condición, que todo debía llorar por el dios, siempre que fuera tan amado como Hermóðr decía que era.

Hermóðr regresó y comenzó la tarea de convencer a todo ser viviente de que llorara por Balder. Sin embargo, la giganta Þokk (que significa "Gracias"), de la que se decía que era Loki disfrazado, se negó a hacerlo, y así Balder permanece en Hel hasta el día de hoy.

Esta versión en particular se encuentra casi en su totalidad en la Edda prosaica, pero se pueden encontrar secciones de ella en fuentes mucho más antiguas, incluidas inscripciones en joyas.

Snorri Sturluson tiende a representar a Balder como un mártir y parece haber omitido sus características guerreras, que son una parte importante de la personalidad del dios. Sajón Gramático es la otra única fuente de información sobre la muerte de Balder. Su relato se basa en cierto modo en hechos históricos, pero describe a Balder como alguien dispuesto y rápido para la lucha, retratándolo como una especie de caudillo. Si se añade esto a los numerosos poemas y relatos que vinculan el nombre del dios con la guerra y las armas, se demuestra que los primeros relatos sobre Balder mostraban que era menos un mártir y más un fuerte luchador.

A excepción de estas fuentes, hay muy pocas menciones de Balder en la mitología nórdica. Una crónica anglosajona lo menciona brevemente, donde se hace referencia a él como Baeldaeg, conocido como "el Día Luminoso", y es hijo de Woden.

A pesar de los mínimos relatos sobre Balder en el antiguo paganismo nórdico, parece probable que fuera un dios muy querido, especialmente en la era vikinga, y de gran fama y culto entre muchos de los antiguos pueblos germánicos.

Tyr

Pronunciado *"Ti-er"*, Tyr era conocido en todo el mundo antiguo por varios nombres. En inglés antiguo se le conocía como Tiw, en alto alemán antiguo como Ziu y en la lengua protogermánica como Tiwaz. En todas estas lenguas, su nombre significa simplemente "dios".

Sin embargo, también es el dios principal encargado de supervisar la justicia y la ley. En la época vikinga, su nombre aparece menos que en fuentes anteriores, lo que ilustra que su papel e importancia en el periodo vikingo fueron menores en su mayor parte. Sin embargo, en épocas anteriores, Tyr era una de las deidades más prominentes y significativas en todo el mundo escandinavo y germánico.

Por fuentes que datan del periodo vikingo y mucho antes de éste, sabemos que Tyr era un dios de la guerra prominente en el panteón de los Æsir. Un poema de la Edda Poética llamado el Sigrdifumal, dedicado a la valquiria Sigrdifa, cuenta cómo Sigurd, el héroe invocó a Tyr para asegurarse de que saldría victorioso en su próxima batalla. Hay otro poema en la Edda Poética llamado el Lokasenna, donde Tyr es insultado por Loki, que dice que el dios solo causa disensión en la humanidad en lugar de armonía.

Los romanos, que se habían encontrado con los antiguos pueblos germánicos y nórdicos cientos de años antes, a menudo identificaban a Tyr con su dios de la guerra, Ares, que se basaba en la encarnación griega del caos en la guerra.

Vemos esta asociación a través de la palabra inglesa *Tuesday* (martes). Martes deriva de la palabra inglesa antigua Tiwesdaeg, que se traduce como Día de Tiw. Tiwesdaeg deriva del latín para Día o Marte, Dies Martis. El hecho de que los romanos lo identificaran con un dios tan importante de su propio panteón ilustra lo significativo que era su culto en los mundos germánico y escandinavo.

Aunque es un dios de la guerra, Tyr es más que eso. Su papel principal aparece como defensor y abogado de la justicia y las leyes. Las inscripciones romanas se refieren a él como Marte de la Asamblea Legal Germánica o Mars Thingsus.

La prueba clave de su papel como defensor de la ley y la justicia se encuentra en el mito que cuenta cómo los dioses ataron al monstruoso lobo Fenrir. Este es el solo mito que presenta al dios como protagonista que ha sobrevivido a lo largo de los siglos. Según el mito, Fenrir era entonces solo un cachorro, pero su crecimiento era extraordinario, y los dioses empezaban a temer su fuerza. Decidieron que solo podrían sobrevivir si ataban a Fenrir con cadenas para que no pudiera escapar. Las dos primeras veces fueron un fracaso, así que los dioses encargaron a los enanos que crearan una nueva cadena que pareciera más suave y ligera pero más fuerte. Fenrir se volvió receloso de esta nueva cadena y solo permitía que los dioses se la pusieran al cuello si uno de ellos colocaba su brazo en sus fauces para demostrar que sus intenciones eran honorables. Ninguno de los dioses se atrevió a hacerlo, pero finalmente, Tyr accedió. Los dioses colocaron la cadena alrededor de Fenrir, que ahora no podía escapar y que mordió el brazo que Tyr había colocado en su boca.

Al sacrificar su brazo, el dios consiguió garantizar la seguridad de los dioses y legitimarla. Sin su acción, lo que hicieron los dioses habría sido un fraude.

Al mismo tiempo, Odín sacrificó su ojo en su búsqueda del saber y se convirtió en el dios del conocimiento; Tyr se convirtió en el dios de las leyes y la justicia mediante el sacrificio de su brazo para alcanzar lo que se consideraba correcto. La pérdida de una parte del cuerpo tanto en Odín como en Tyr fue bastante similar e ilustró las profundidades de sus personalidades.

Quizá se pregunte cómo y por qué un dios de la guerra se convirtió en un importante dios de la justicia. A primera vista, parece extraño, teniendo en cuenta que son polos opuestos el uno del otro.

Sin embargo, los antiguos pueblos germánicos y escandinavos consideraban que la ley y la guerra estaban entrelazadas entre sí, dos caras de la misma moneda. Para ellos, las cuestiones de derecho se decidían a menudo en función del resultado de una batalla, ya fuera individual o con el respaldo de grandes ejércitos. Por eso las batallas se organizaban con antelación, y los dioses concedían la victoria a la parte que consideraban justa. En la lengua nórdica antigua encontramos términos como "el juicio de las armas" (vapndomr) y "el encuentro de las espadas" (schwertding, un término poético que significa batalla).

Se podía reclamar una victoria sobre un enemigo rival a través de las leyes. En tales posiciones, una asamblea legal se convierte en un campo de batalla, solo que simbólico y no real. Sin embargo, seguía siendo una batalla que podía cambiar su destino.

Al igual que Ares era la personificación del caos en la guerra y su hermana Atenea la personificación de la sabiduría en la guerra en el panteón griego, muchos de los dioses nórdicos de la guerra se identificaban con ciertos elementos de la guerra. Tyr simboliza los aspectos de justicia de la guerra y el sistema de la ley, el papel de Odín estaba en las fuerzas de la magia en la guerra, y Thor como la fuerza en la guerra.

Tyr tiene su origen en una deidad protogermánica llamada Dieus, a la que adoraban los pueblos germánicos antes de separarse del árbol genealógico indoeuropeo para formar su propia rama única. Había dos nombres que se traducían en la lengua protogermánica como "dios", Dieus y deiwos, ambos procedentes de la palabra raíz dyeu, que se traduce como "el cielo diurno". A partir de esto, podemos determinar que el dios protogermánico Dieus era el Dios del Cielo y, lo que es más significativo, probablemente una de las deidades más importantes del panteón de esta época. De hecho, esta deidad protoindoeuropea se convertiría en sinónimo del término dios.

Cuando se trata de las deidades gobernantes de panteones de dioses posteriores, entre los que se incluyen Zeus y Júpiter de la antigua Grecia y Roma, sus nombres derivan del suyo.

Si esto no le parece suficientemente interesante, quizá le guste saber que las palabras "deidad" y "día" en español proceden ambas de esta palabra raíz. El uso de palabras originadas con esta palabra raíz continuó hasta bien entrado el periodo vikingo.

Heimdal

Pronunciado *Jeim-dal* y llamado Heimdallr en nórdico antiguo, Heimdal es un dios del panteón Æsir y es famoso por ser el dios que protege la patria de los dioses, Asgard.

Heimdal, de cuyo nombre aún desconocemos el significado, vive en un lugar llamado acantilados del cielo, Himinbjörg, que implica un lugar elevado donde solían situarse las fortalezas, y que se encuentra en lo alto del puente arco iris, Bifröst, que allana el camino hacia Asgard. Allí vigila, esperando y escuchando cualquier cosa que indique la presencia de un intruso. En ese momento, soplará el Gjallarhorn (cuerno resonante) para advertir a los demás dioses del peligro inminente. Su vista es tan buena que puede verlo todo a kilómetros de distancia en todas direcciones sin importar la hora del día, y su oído es tan profundo que escucha la hierba mientras crece y los pájaros duermen más que él.

Cuando comience el Ragnarök, Heimdal hará sonar su cuerno a Gjallarhorn para advertir a los dioses de Asgard de que los gigantes pronto cruzarán el Bifröst, decididos a matarlos a todos. Loki, el dios embaucador que los traicionará a todos, luchará contra el firme y leal Heimdal, matándose mutuamente mientras el mundo arde y luego se derrumba en las profundidades del océano naciente.

Al examinar toda la antigua poesía nórdica, lo que resulta evidente es que en un tiempo se creyó que Heimdal era el padre de los humanos, lo que quizá incluso estableció la estructura de las culturas nórdicas.

Al igual que muchos de los dioses del panteón Æsir, Heimdal es hijo del dios Odín. Aunque no era posible para los humanos, Heimdal, como dios, tuvo siete madres que le dieron a luz. Algunos eruditos creen que estas nueve madres eran las nueve hijas de Ægir, el gigante Jötnar del mar. Pero esto plantea una cuestión importante, ya que estas nueve hijas no tienen los mismos nombres que las nueve madres de Heimdal.

Heimdal fue en su día uno de los dioses más importantes del panteón de los Æsir, aunque disponemos de muy poca información sobre él a través de las fuentes supervivientes del paganismo nórdico. A menudo se le identifica con los carneros, pero aparte de algunas especulaciones descabelladas de los académicos, este vínculo con los carneros sigue envuelto en el misterio. En un poema nórdico antiguo, se dice que el hljoo del dios, que podría ser su oído, una oreja, o incluso una representación de su cuerno Gjallarhorn, se colocó fuera de la vista en la parte inferior del Árbol de la Vida, Yggdrasil, y tiene vínculos con el ojo sacrificado de Odín.

Se ha sugerido que esto podría referirse a un mito muy anterior en el que Heimdal renuncia a su capacidad de oír o cede una oreja para obtener algo, al igual que Odín y Tyr hicieron sacrificios por su cuenta. Sin embargo, si este es el caso, lamentablemente se ha perdido en las brumas del tiempo.

Es algo que quizá nunca sepamos.

Iðunn

Pronunciada *Iu-dun*, Iðunn es una diosa situada entre el panteón de los Æsir. Su nombre significa "La que rejuvenece" y procede del nórdico antiguo Iðunn. Aún no sabemos con certeza qué papel desempeñó en el panteón protoindoeuropeo en el que aparece por primera vez, y su papel en la religión pagana nórdica posterior sigue envuelto en el misterio. Sin embargo, es una de las figuras clave del mito del rapto de Iðunn. Este mito aparece en la Edda prosaica y en el Haustlöng, un poema escáldico, donde la diosa cuida y dispensa una fruta particular que concede la inmortalidad a quien la come.

Los libros modernos que relatan los antiguos mitos nórdicos afirman que estas frutas eran manzanas, pero esto puede no ser correcto. Epli es la palabra nórdica antigua para manzana, pero se utilizaba con frecuencia para referirse a muchos tipos de frutas y frutos secos, y no solo a las manzanas.

La palabra inglesa moderna para manzana no llegó a Escandinavia hasta la Edad Media. A pesar de no conocer la especie exacta de fruta (o incluso de fruto seco) que Iðunn cuidaba, el hecho de que todos los dioses dependieran de ella para mantener su inmortalidad significa que Iðunn era una figura esencial en el panteón de los Æsir.

En la mitología, se dice que Iðunn estaba casada con Bragi, el dios de la poesía. Según un antiguo poema nórdico antiguo, el dios embaucador Loki acusa a Iðunn de tener un romance con el dios que asesinó a su hermano. Sin embargo, el poema no revela el nombre de su hermano ni quién lo mató, y no disponemos de fuentes supervivientes que expliquen esta acusación.

Hasta aquí llega nuestro conocimiento de la diosa Iðunn. Aun así, teniendo en cuenta su papel como protectora y dispensadora de la fruta sagrada que concede la inmortalidad, probablemente tenga vínculos con una antigua diosa protoindoeuropea de la fertilidad.

Capítulo 4: Los dioses Vanir

Pronunciados *Van-iir*, los Vanir son uno de los dos principales panteones de dioses del paganismo nórdico (el otro son los Æsir). Viven en Vanaheim, uno de los Nueve Mundos que se asienta sobre Yggdrasil, el árbol universal de la vida, y que también alberga a Nerthus, Njörðr, Freyr y Freya entre los suyos.

Sin embargo, existe muy poca información sobre lo que los antiguos pueblos germánicos y escandinavos pensaban de los Vanir en su conjunto. El significado de la palabra "Vanir" sigue siendo desconocido y rara vez se utiliza en las fuentes conservadas. Existen pruebas de un culto limitado a Freya y Freyr fuera del mundo nórdico, pero el término Vanir nunca se asocia a ellos. Muchos eruditos aún debaten si los antiguos escandinavos e islandeses colocaron a estas deidades en este grupo separado llamado los Vanir antes de que Snorri Sturluson escribiera la Edda prosaica.

Los Vanir sí parecen estar más estrechamente relacionados con la fertilidad en el mundo humano de lo que lo estaban los Æsir. Sin embargo, no podemos estar seguros de ello, ya que el dios Thor de los Æsir desempeñaba un papel importante en la fertilidad de la tierra y en la sociedad humana.

Podemos decir con seguridad que, en algunas fuentes posteriores, una serie de deidades fueron retratadas como un grupo separado del de los Æsir, y las que formaban parte de los Vanir eran algunas de las deidades más populares y más veneradas.

Freya

Freya es una de las diosas más populares
https://commons.wikimedia.org/wiki/File:Freya_by_Johannes_Gehrts.jpg

Pronunciada *Frey-ya*, Freya fue una de las diosas más populares a las que se rindió culto en toda Escandinavia. Su nombre se traduce como "Señora", lo que muy probablemente deriva del título de una diosa protogermánica muy anterior que con el tiempo se desprendió para convertirse en Freya y Frigg. En la mitología, Freya es hija del dios Njörðr, de madre desconocida (posiblemente Nerthus), y hermana de Freyr. En fuentes posteriores, se decía que era la esposa de Odín, también conocido como Odr. Aunque pertenecía a los Vanir, también se convirtió en una diosa Æsir tras las guerras Æsir-Vanir.

Freya es conocida por estar asociada con la belleza, el amor, los objetos materiales y la fertilidad, y a menudo se la equipara con la diosa griega Afrodita en este sentido. De hecho, en un poema, el dios Loki la acusa de haber mantenido relaciones sexuales con todos y cada uno de los dioses y elfos, junto con su propio hermano. Además de ser una diosa de la pasión y los enlaces aventureros, Freya era la máxima practicante de la magia seidr, que con el tiempo sería practicada por los humanos conocida como volva. Freya introdujo esta magia en el resto de los dioses antes de introducirla en los humanos. Se dice que su poder es mayor que el de cualquier otro en este sentido. Además, ella gobierna sobre Folkyang, parte de la otra vida llena de las almas que se lleva después de una batalla.

Al igual que Frigg, Freya posee los penachos de un halcón para transformarse en esa criatura.

Freyr

Pronunciado *Fre-ier*, el nombre de Freyr deriva de la palabra nórdica antigua que significa "Señor", aunque también se le llama Frey en algunas fuentes anglizadas. Aunque principalmente es un dios Vanir, también fue acogido como dios Æsir junto a su hermana Freya tras la Guerra Æsir-Vanir.

De todos los dioses adorados en el mundo escandinavo y germánico antiguo, Freyr era uno de los dioses más queridos, con pruebas de adoración en todas partes. Un antiguo poema afirma que nadie le odiaba y le calificaba como el primero de los dioses. Teniendo en cuenta que los antiguos dependían de él para la paz, la prosperidad, las cosechas abundantes y la fertilidad tanto ecológica como sexual, no es difícil imaginar por qué, después de todo, a menudo se le representa con un pene grande y erecto.

Por ello, los antiguos le hacían sacrificios con regularidad en distintos acontecimientos, como las celebraciones de las cosechas y las bodas. Sus principales animales predilectos eran los jabalíes, que los humanos sacrificaban regularmente en su nombre.

Aunque no se menciona en ninguna parte de las fuentes antiguas, lo más probable es que Freyr fuera hijo de Nerthus, una diosa protogermánica de la que se decía que era hermana de Njörðr, de quien se decía repetidamente que era el padre de Freyr. Se decía que Freyr mantenía una relación íntima con su hermana Freya y otras diosas de los panteones Æsir, Vanir y Jötnar. A pesar de no ser practicado por los antiguos pueblos germánicos y nórdicos, el incesto era un tema muy extendido y apropiado entre los dioses.

Se dice que Alfheim, la tierra de los elfos, es el hogar de Freyr. Teniendo en cuenta que su nombre significa "Señor", se ha sugerido que gobierna a los elfos, pero ninguna de las fuentes que han sobrevivido hasta nuestros días lo menciona. De hecho, la relación entre los elfos y los Vanir y Æsir es demasiado desconocida como para especular qué es

Freyr para los elfos.

Una de las posesiones más famosas de Freyr es el Skíðblaðnir, un barco que puede navegar por cualquier parte y que se pliega fácilmente y se guarda en una bolsa. Su nombre se traduce como "Ensamblado a partir de trozos de madera delgada", lo que podría simbolizar el estilo de los barcos que se fabricaban por ciertos motivos ceremoniales y que no estaban pensados para navegar en mar abierto. Sabemos lo importantes que eran los barcos en el antiguo mundo nórdico a través de restos arqueológicos que se remontan a la Edad de Bronce.

Cuando está en tierra, los jabalíes tiran de su carro, lo que se refleja en las prácticas históricas reales de sus sacerdotes y sacerdotisas que llevan una estatua del dios en un carro. Tácito, el historiador romano, habla de procesiones con la diosa protogermánica Nerthus, en la que muy probablemente se basaba uno de sus padres, en las que estos carros llegaban a una ciudad. La gente dejaba de luchar y disfrutaba de los festejos en honor de la benévola deidad. Este tipo de procesiones se dedicaban a los Vanir ya en el siglo I de nuestra era y continuaron hasta el periodo vikingo.

Se dice que cuando llegue el Ragnarök, Freyr matará a Surt, el gigante, pero en lugar de eso, muere a manos de Surt.

Al igual que en el caso de su hermana, el nombre de Freyr parece ser un título en lugar de un nombre real. Lo más probable es que esto se deba a que se convirtió en una deidad separada de su forma protogermánica original, en la que se llamaba Ingwaz. Este nombre se convirtió más tarde en Ingunar-Freyr o Yngyi-Freyr en Escandinavia e Ing con los anglosajones. Aunque el significado de este nombre sigue siendo desconcertante, en las fuentes germánicas antiguas se le asocia con la prosperidad, la salud y la fertilidad. Se dice que es el antepasado de numerosas tribus, incluidos los ingaevones, y monarcas, entre ellos la dinastía sueca de los yngling.

Njörðr

Pronunciado *Nyord* y derivado del nombre nórdico antiguo Njǫrðr (del que aún no entendemos su significado), Njörðr es una de las principales deidades del panteón Vanir.

Al igual que sus descendientes, Freyr y Freya, Njörðr aparece tanto en el panteón de los Æsir como en el de los Vanir. La lingüística demuestra que era el marido de Nerthus, una antigua diosa germánica de la fertilidad, aunque su nombre nunca se menciona en las fuentes primitivas. Njörðr es el dios de la fortuna, la navegación, los océanos y la abundancia.

Su desastroso matrimonio con la diosa Jötnar Skaði es su historia más conocida. Después de que su padre fuera asesinado por los fuegos que protegían Asgard, la giganta Skaði llegó a la patria de los Æsir buscando una compensación por la muerte de su padre. Una de sus exigencias era que alguien la hiciera reír, lo que fue cumplido por Loki, pero los dioses Æsir le dijeron que podía elegir a cualquiera de ellos para casarse. Creyendo que Njörðr era Balder, lo eligió a él. Su unión no fue agradable ni larga. Pasaron el mismo tiempo en Nóatún ("la Ciudad de barcos"), el hogar de Njörðr, y en las montañas nevadas donde vivía Skaði. Sin embargo, ninguno de los dos podía soportar el hogar del otro, y ambos acordaron finalmente poner fin a su matrimonio.

Aunque esto es más o menos lo que cuentan las fuentes literarias conservadas, existen abundantes pruebas arqueológicas que ilustran que Njörðr era una deidad extremadamente popular y venerada en todo el mundo escandinavo.

Nerthus

Nerthus es una diosa protogermánica llamada originalmente Nerbus. Era adorada en todas las tribus germánicas según la Germania, escrita por el historiador romano Tácito. Su relato es una de las fuentes de información más importantes que tenemos sobre ella.

Según Tácito, muchas de las tribus germánicas (incluidos los nuitones, los suardones, los eudoses, los anglii, los aviones y los reudigni) adoraban a Nerthus, a la que también llamaban Madre Tierra. Ella montaba un carro entre sus seguidores tirado por vacas, ocupándose de los asuntos de la humanidad. En el mar hay una isla con una arboleda. Allí se asienta un carro, cubierto con una tela especial, y nadie salvo el sacerdote de la diosa puede tocarlo. Él atiende todas sus necesidades. Cuando ella lo decide, cabalga en su carro hacia los pueblos y aldeas. La gente depone las armas y guarda bajo llave todos los objetos de hierro, sea cual sea el lugar al que ella llegue, creando así la paz. Durante este tiempo de paz, el pueblo puede regocijarse y disfrutar de las fiestas hasta que ella regresa a su arboleda sagrada. La diosa y su carro se someten entonces a un ritual de purificación en el lago, realizado por esclavos cuya recompensa es ser ahogados en las mismas aguas.

Existen numerosas pruebas arqueológicas que corroboran este relato y, además, datan del periodo en el que él afirma que tienen lugar. De hecho, el registro arqueológico demuestra que estas prácticas tenían lugar ya en la Edad de Bronce en Escandinavia.

Estos aspectos de las antiguas prácticas, en particular con el transporte de un carro o carroza a un pueblo con la imagen de una diosa y la gente guardando cualquier arma, se ven con frecuencia en el panteón Vanir. Después de todo, eran deidades asociadas con la fertilidad de la tierra y la paz, especialmente durante el periodo vikingo. En ese caso, Nerthus podría ser el prototipo de los dioses Vanir.

Otra fuerte asociación con el panteón Vanir puede verse en su nombre. Si el nombre "Nerthus" se transformara en nórdico antiguo, sería "Njörðr". Hay dos creencias principales para ello. En primer lugar, el dios Njörðr y la diosa Nerthus se convierten en una pareja divina, similar a Freyr y Freya. La segunda creencia sugiere que Nerthus y Njörðr eran en realidad un dios singular, hermafrodita, en lugar de ser dos deidades separadas.

Además, como Tácito llama a Nerthus "Madre Tierra" (Terra Mater), muchos han sugerido que era la diosa Jörð, que significa "Tierra" en nórdico antiguo, la madre bastante vaga y misteriosa de Thor.

Gullveig

Pronunciada *Gul-veig*, Gullveig es una diosa bastante oscura que solo se cita en la Völuspá, un poema que rememora los sucesos que provocaron la guerra entre los Æsir y los Vanir. Las dos estrofas dicen que fue incrustada con lanzas y luego quemada hasta la muerte y resucitada varias veces en la Sala de Odín. Según el autor, se llamaba *Heidr* y practicaba la magia seidr, encantando varitas y trayendo la felicidad a las mujeres malvadas.

Muchas diosas practicaban la magia seidr en el paganismo nórdico; una hazaña recibida con una mezcla de temor, asombro, admiración, respeto y recelo. Las estrofas nos muestran que Gullveig había llegado a Asgard, probablemente desde Vanaheim, y practicaba un tipo de magia que los dioses Æsir consideraban insegura y perturbadora. Por ello, la quemaron viva (quemar brujas era un tema común en muchas sagas antiguas), pero, aun así, fue capaz de sobrevivir a ello.

Por su nombre, parece que la magia no era su solo atributo perturbador. Su nombre se compone de dos palabras, gull, que significa "oro", y "veig", que significa "intoxicación o alcohol". Como resultado, su nombre se traduce como "la locura y la corrupción del oro". En el poema, se refieren a ella como Heidr, que significa "fama" como sustantivo y como "luz" o "brillante" como adjetivo, probablemente haciendo referencia al oro. En ese sentido, el nombre Heidr con el que se la llama en el poema, se asocia con la prosperidad y la fama, y este es un término común para las brujas que se encuentra en otros poemas y sagas.

Es muy probable que Gullveig fuera el equivalente de la diosa Æsir Freya dentro del panteón Vanir debido a esta conexión entre magia y oro.

Óðr

Pronunciado *Ou-der* y derivado de la palabra nórdica antigua para éxtasis y frenesí, Óðr es a menudo llamado *Od* en las fuentes antiguas. Es un dios bastante misterioso y sombrío y solo se menciona unas pocas veces en las fuentes. En su Edda prosaica, Snorri Sturluson cree que está casado con Freya y que engendró a Hnoss con ella.

Existe un breve mito relatado por Snorri Sturluson, que cuenta cómo Óðr viajó largas distancias desde los otros dioses, pero no se menciona el motivo de este viaje ni el lugar. Freya le buscó durante mucho tiempo, llorando lágrimas de oro mientras él estaba lejos.

A pesar de esta mención excepcionalmente breve, ¡sabemos que Snorri Sturluson no lo conjuró de la nada! Una fuente anterior, un poema escrito en el siglo XI por Einarr Skulason, hace referencia a Óðr. Esto podría significar que era un dios bastante más joven que los demás.

Al examinar las pruebas aportadas por la literatura antigua, queda claro que Odr era, de hecho, un equivalente distintivo del dios Odín.

Después de todo, la esposa de Óðr es Freya, que era la contrapartida de Frigg, la esposa de Odín. Como hemos visto antes, Frigg y Freya derivan en realidad de la misma diosa antigua, Nerthus. El nombre de Odín se divide en dos palabras, Óðr e inn, que se traducen como "éxtasis" y "maestro de". Los dos nombres, Óðr y Odín, son casi iguales, y varios mitos cuentan cómo Odín pasó largos periodos alejado de los demás dioses, lo que se corresponde con la larga ausencia de Óðr.

Por otro lado, es importante recordar que, según Snorri Sturluson, Óðr solo tuvo un hijo, una hija llamada Hnoss. Por el contrario, Odín tuvo varios hijos, entre ellos Balder y Thor. Si el dios Óðr era Odín, lo más probable es que hubiera declarado sus nombres como hijos de Óðr.

Lo que parece más probable es que, al igual que Freya y Frigg, Odín se hubiera separado en dos deidades, Odín y Óðr. Esta separación debió de producirse antes del siglo XI, ya que los dioses separados consideraban que las características de las dos deidades separadas eran casi idénticas cuando se escribieron estos poemas y sagas.

Pero, ¿por qué se separaron los dos dioses? Este tema sigue siendo incierto, pero lo que sí salta a la vista es que Odín pertenecía a los Æsir, mientras que Óðr pertenecía al panteón de los Vanir. Los dos panteones de dioses solo se dieron durante la última parte del mundo nórdico antiguo. No hubo separación en épocas anteriores ni en ninguno de los otros pueblos germánicos. Hay que subrayar que ningún aspecto de las deidades Vanir es diferente de los del panteón Æsir.

Podría sugerirse que la separación de Odín en Odín y Óðr, así como la de Frigg en Frigg y Freya, se produjo simplemente al separarse el panteón Æsir en los grupos Æsir y Vanir. Lamentablemente, no sabemos por qué se produjo esta separación a finales del siglo X, y nunca lo sabremos.

Capítulo 5: Los dioses Jötnar

Los dioses Jötnar son más conocidos como los gigantes. El paganismo nórdico veía a estos seres como poderosos, fuertes, peligrosos y destructivos. Su poder es igual al de los panteones Vanir y Æsir, aunque su carácter es el polo opuesto al de los dioses. Como tales, se les considera los aspectos paralelos a los dioses, aunque siguen entrelazados con ellos.

Los devoradores

Utilizamos la palabra "gigantes" para describir a los dioses Jötnar, que se pronuncia *yo-tun*. Sin embargo, se trata de un término bastante engañoso. En español, la palabra gigante significa algo extremadamente grande, y la mayoría de las deidades de todo el mundo a las que se ha rendido culto se consideraban extremadamente grandes, sobre todo en las representaciones.

Además de Jötnar, los antiguos nórdicos los llamaban *bursar*. La palabra *Jötnar* deriva del protogermánico "etunaz", que se traduce como "devorador". La misma palabra se modificaría en inglés antiguo como eoten y significa lo mismo. La palabra protogermánica Burisaz se traduce como "poderoso y dañino" y otro significado de "parecido a una espina".

Entonces, ¿por qué llamamos gigantes a estos antiguos devoradores? Muy sencillo. Cuando Guillermo el Conquistador navegó de Normandía en Francia a Inglaterra en 1066, él y sus hombres introdujeron el francés en el país. En muy poco tiempo, las palabras francesas empezaron a sustituir al inglés antiguo. Una de estas palabras era géant, que acabaría transformándose en "gigante". Géant era un término del francés antiguo que hacía referencia a una raza de gigantes de la mitología griega que, al igual que los Jötnar, eran enemigos de los dioses griegos. El término griego antiguo para designar a los gigantes era otra traducción de la palabra hebrea que designaba a una raza de seres extremadamente grandes descritos en la Biblia. Con el paso de los siglos, el término gigante dominó la descripción de los Jötnar.

Fenrir

Pronunciado *Fen-riar*, Fenrir fue el más famoso de todos los lobos del paganismo nórdico. Su nombre significa "El que mora en los pantanos" y tiene tal importancia en todo el mundo escandinavo que su imagen se ha encontrado en innumerables runas y otros artefactos que datan de diversos periodos históricos, además de mencionarse en numerosas fuentes.

Fenrir era el vástago de la diosa Jötnar Angrboda y del dios embaucador Loki. Era hermano de Hel, la diosa del Inframundo, y de la gigantesca serpiente Jörmundgander, que rodea Midgard.

Fenrir se menciona en varios mitos, siendo los dos más importantes la forma en que los dioses lo ataron y su papel en el Ragnarök. Fenrir era un lobo monstruoso; ya de joven, los demás dioses temían lo que podía hacer. Se reunieron y acordaron que, por la seguridad de todos, lo atarían. Lo intentaron dos veces, fracasando cada una de ellas. Al tercer intento, le dijeron a Fenrir que era un juego para ver lo fuerte que era y que su fuerza era poderosa, teniendo en cuenta que rompió las cadenas con facilidad. Cuando volvieron a intentarlo, se dirigieron a los enanos y les ordenaron que crearan las cadenas más fuertes que jamás hubieran creado, pero que las hicieran tan suaves como pudieran.

Los dioses regresaron ante Fenrir y le mostraron las cadenas. Se mostró escéptico y dijo a los demás que solo permitiría que se dispusieran las cadenas si alguien ponía su brazo entre sus mandíbulas para demostrar que se podía confiar en él. El único dios que accedió a hacerlo fue Tyr, a pesar de saber que pronto lo perdería. Los dioses colocaron las cadenas alrededor de Fenrir, y éste cortó la mano de Tyr cuando no pudo quitárselas. Luego envolvieron el otro extremo de la cadena contra un poderoso peñasco y le abrieron las mandíbulas mediante el uso de un arma. El poderoso Fenrir fue atado, sus aullidos rasgaron el aire mientras el río Van, que significa expectación, se formaba de la baba que caía de su boca.

La atadura de Fenrir no es su solo mito. Cuando llegue el Ragnarök, Fenrir escapará por fin de sus cadenas. Su mandíbula inferior raspará el suelo, su mandíbula superior se estirará contra el cielo, y lo consumirá todo. Se enfrentará y matará a Odín, rey de los dioses, antes de ser destruido por uno de los hijos del dios.

La mitología nórdica está llena de lobos; ahora se cree que son Fenrir bajo sus diferentes nombres. Un poema afirma que Fenrir devorará el sol cuando descienda el Ragnarök, pero en otro poema, el autor afirma que Sköll, que significa "burla", lo hará en su lugar. Otro poema afirma que un lobo llamado Garm escapará de sus cadenas durante el Ragnarök. Otra fuente literaria nórdica antigua dice que Moon-garm, o *Managarm,* se comerá la luna. Este lobo se llama Hati, que significa "odio" en otra fuente. Se cree que Hati es otro nombre de Fenrir, o al menos de Garm si Garm no es otro nombre del propio Fenrir.

Skaði

Skaði es una diosa Jötnar cuyo nombre deriva de una palabra que significa daño
https://commons.wikimedia.org/wiki/File:Skaði_Hunting_in_the_Mountains_by_H._L._M.jpg

Pronunciada *Skaad-ii*, Skaði es una diosa Jötnar cuyo nombre deriva de la palabra nórdica antigua que significa "daño" y que tiene sus raíces en la palabra germánica para "sombra". Los eruditos creen que su nombre está relacionado con la palabra "Escandinavia", pero aún no están seguros de si ella dio su nombre a la región geológica o si es al revés.

Según los mitos, Skaði habita en las eternas montañas coronadas de nieve donde caza. Muchas fuentes describen sus esquís, raquetas de nieve y su arco, lo que la convierte en una feroz cazadora. Estuvo brevemente casada con el dios Njörðr, y ella creyó erróneamente que él era Balder cuando los dioses le ofrecieron la opción de casarse con cualquiera de ellos. El matrimonio no duró mucho. Njörðr odiaba vivir en las altas y frías montañas, y la propia Skaði odiaba vivir en su casa de la costa, así que tomaron caminos separados.

Dado que los dioses Jötnar eran considerados las fuerzas de la muerte, el frío y la oscuridad (los polos opuestos a las deidades Æsir y Vanir), Skaði es sin duda la personificación del invierno. Sin embargo, al estar casada con uno de los dioses Æsir y con la cantidad de seguidores que tuvo en tiempos históricos, parece que se la consideraba un ser benévolo, quizá en su papel de patrona de la caza invernal.

Ymir

Pronunciado *I-mier* deriva de la palabra nórdica antigua que significa "gritón", Ymir está considerado como el primer ser surgido del caos y la oscuridad en el mito pagano nórdico de la creación. A menudo se le representa como un gigante hermafrodita, que da a luz a la siguiente generación de gigantes. No solo es el antepasado de todos los Jötnar, sino también de las deidades Æsir y Vanir.

Snorri Sturluson afirma que Ymir fue creado cuando los fuegos de Muspelheim y el hielo de Niflheim se unieron en Ginnungagan. Auðumbla, la vaca sagrada, lo alimentó mientras lamía la sal del hielo. Mientras dormía, produjo los primeros gigantes dentro de su cuerpo y los sudó por las axilas y las piernas.

Mientras Auðumbla seguía lamiendo, surgió el primer dios Æsir, un dios llamado Bari, que llegó a tener un hijo llamado Borr con una descendiente de Ymir llamada Bestla. Juntos crearon a Odín, Vili y Ve, que lo asesinaron, descuartizaron su cadáver y formaron el mundo con él.

El hecho de que el cadáver de Ymir formara el mundo cuando no existía nada más se ajusta a su papel como antepasado de los gigantes. Los gigantes eran vistos como aspectos del caos desestructurado que daña y acabará destruyendo la estructura y el orden que crean los dioses.

De hecho, los gigantes vencerán en el Ragnarök y el caos anulará el orden. Sin embargo, los Jötnar no son solo aspectos del caos; son la personificación de la diferenciación, la base sobre la que podría fundarse todo, desde el mundo hasta la sexualidad. Esto se ve especialmente en su papel de ancestro hermafrodita.

Su nombre, que significa gritón, es otro ejemplo de su asociación y personificación del caos primigenio y procede de la palabra *ymia* del nórdico antiguo. El grito es de lo que se forman las palabras, y la representación de los dioses tomando su cuerpo y creando el mundo a partir de él es una forma metafórica de formar palabras a partir del grito.

Hel

Hel, que significa "oculta", era la giganta y diosa del inframundo, el reino de los muertos que lleva su nombre. Snorri Sturluson afirma que es hija de la giganta Angrboda y del dios Loki, lo que la convierte en hermana de la gigantesca serpiente Jörmundgander y del monstruoso lobo Fenrir.

La diosa suele ser retratada como una persona dura, fría, cruel y egoísta o, como mínimo, indiferente a los asuntos que más preocupan tanto a los muertos como a los vivos. En la literatura conservada hay pocas menciones a su aspecto y carácter. La poca información que tenemos la describe con una expresión feroz y dura y siendo mitad blanca y mitad negra.

Solo tenemos un mito superviviente en el que aparece Hel. Loki, el padre de la diosa Hel, provocó la muerte de Balder; Hermóðr viajó por Yggdrasil para llegar al inframundo y pedir la liberación inmediata de su hermano.

Le habló de cómo el mundo lloraba la muerte de Balder y le suplicó que dejara volver a su hermano a la tierra de los vivos. Hel, que no quería dejar marchar a Balder, le dijo a Hermóðr que solo liberaría a Balder si conseguía que todos los seres vivos del mundo lloraran por él para demostrarle su amor. Hermóðr regresó al mundo de los vivos y, con los demás dioses, consiguió convencer a todo ser viviente de que llorara por Balder. La única excepción fue una giganta que muy probablemente era un Loki disfrazado. Como la giganta se negó a llorar por Balder, el dios se vio obligado a permanecer en Hel con la diosa.

Aún no sabemos con certeza si Hel era una diosa a la que adoraban los antiguos nórdicos. Sin embargo, lo que sí parece es que fue una encarnación posterior de la muerte.

Jörmundgander

Pronunciado *Your-mun-gandre*, derivado de la palabra nórdica antigua que significa "Gran Bestia", Jörmundgander es la gigantesca serpiente o dragón que mora en las profundidades del océano que rodea Midgard. Al ser hermano de Hel y Fenrir, era el vástago de la diosa Jötnar Angrboda y del dios Æsir Loki.

Hay dos mitos narrados en las Eddas que presentan a Jörmundgander luchando contra Thor, su archienemigo. En el primero, se narra cómo el dios Æsir Thor intenta pescar a la gigantesca serpiente del fondo del mar. Sin embargo, Hymir, el gigante, se asusta tanto que corta el sedal antes de que Jörmundgander pueda salir a la superficie. El segundo mito habla de su papel en el Ragnarök, cuando emergerá de las profundidades del océano y luchará contra Thor. El dios matará a Jörmundgander, pero el veneno de su cuerpo cubrirá a Thor y lo matará.

Surt

Pronunciado *Ser-t,* Surt es un gigante de fuego cuyo nombre se traduce a la palabra nórdica antigua que significa "negro", lo que muy probablemente esté relacionado con su aspecto más bien quemado o ennegrecido. Surt guiará al resto de Jötnar hacia Asgard para luchar contra los dioses Vanir y Æsir cuando llegue el Ragnarök. Matará al dios Freyr, pero también morirá a sus manos. Vive en Muspelheim, donde los fuegos arden tan intensamente que ningún humano podría sobrevivir. Utilizará una espada flamígera para destruir a sus enemigos, los dioses, reduciendo el mundo a cenizas antes de que se hunda bajo los océanos crecientes.

En un sentido histórico, los eruditos dicen que Surt es la personificación de los fuegos del inframundo, los fuegos volcánicos en particular, lo que, para muchos islandeses que experimentan una constante actividad volcánica, era alguien con quien podían resonar con bastante facilidad.

Garm

Garm es un lobo o perro monstruoso con un nombre cuyo significado aún desconocemos. Se le identifica como una fuerza de destrucción y se le asocia con el inframundo. Solo tenemos unas pocas menciones de él, por lo que nuestro conocimiento sobre él es extremadamente limitado; Garm podría ser otro nombre para el lobo Fenrir o un aspecto posterior de él.

Capítulo 6: Futhark, el alfabeto nórdico

Los nórdicos y otros pueblos germánicos crearon una forma de escritura que se utilizó durante siglos. Este alfabeto rúnico se conocía como futhark, en el que cada runa funcionaba como una letra, aunque se trata de una simplificación extrema. Cada runa simbolizaba un aspecto o poder universal, que podía invocar y guiar ese poder particular.

La antigua palabra protogermánica para runa, "runo", significa "secreto", "letra" y "misterio", que continúa en todas las lenguas germánicas. Por ello, se cree que su significado más antiguo, antes de que fuera adoptado y adaptado para un alfabeto, significaba "un mensaje callado".

Todas las runas poseen un nombre que insinúa el significado místico y metafísico de su forma correspondiente y de su pronunciación. Casi siempre se trata de la primera parte de la pronunciación del nombre de la runa. Por ejemplo, la runa que representa la letra "t", que en protogermánico se llama tîwaz, está asociada a la deidad Tiwz, más tarde rebautizada como Tyr durante el periodo vikingo. Se creía que este dios vivía en el cielo durante el día, por lo que la runa presenta una flecha que apunta hacia arriba. También representa su asociación con la guerra, ya que muchas de estas runas se utilizaban en ritos mágicos, asegurando victorias en las batallas.

El nombre de las runas en la lengua nórdica antigua es futhark, que hace referencia a las seis primeras runas: Fehu, Uruz, Thurisaz, Ansuz,

Raidho y Kaunan.

Existen tres tipos diferentes de alfabetos futhark:

- El futhark antiguo apareció por primera vez en el siglo I de nuestra era y terminó su desarrollo en cuatro siglos. Tenía veinticuatro caracteres.
- El futhark joven se basaba en el futhark antiguo, pero no se creó hasta aproximadamente la era vikinga, cuando acabaría ocupando su lugar. Contaba con dieciséis caracteres.
- El futhorc anglosajón se utilizó principalmente en Inglaterra. Utilizaba el futhark antiguo, pero añadía doce caracteres más.

Hay casos en los que las 24 runas del futhark antiguo original se separaron en grupos de ocho. Estos grupos se denominaban aettir o familias, pero aún no entendemos por qué se hizo así.

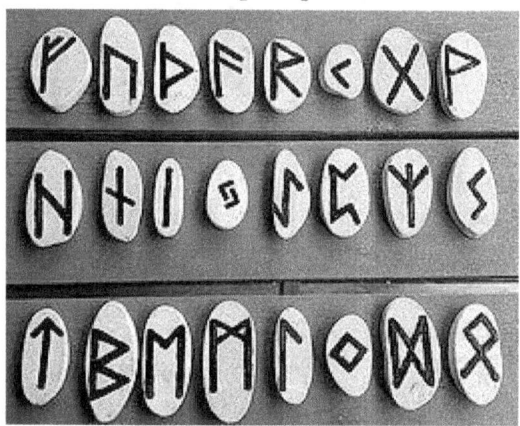

Runas del futhark antiguo

Runologe, CC BY-SA 4.0 <https://creativecommons.org/licenses/by-sa/4.0>, via Wikimedia Commons: https://commons.wikimedia.org/wiki/File:01_Runes_of_the_Elder_Futhark_painted_on_little_stones_-_Runen_des_%C3%A4lteren_Futhark_auf_kleine_Steine_gemalt.jpg

En lugar de utilizar pergamino, una forma anterior y más gruesa del papel actual, y tinta, las runas se tallaban en diversas superficies duras como madera, roca y metal. Esta es la razón por la que las runas tienden a tener líneas fuertes, angulosas y afiladas, lo que es más aplicable a las superficies en las que fueron inscritas.

Tres poemas rúnicos principales nos proporcionan la información clave para traducir lo que los antiguos pueblos germánicos asociaban con cada una de ellas. Proceden de Inglaterra, Noruega e Islandia, y proporcionan estrofas cortas para todas las runas individuales dentro de sus propios futharks relacionados. El poema rúnico del inglés antiguo trata del *futhark* anglosajón, mientras que los poemas rúnicos noruegos e islandeses tratan del *futhark* joven.

Los detalles de cómo, por qué y cuándo surgieron los alfabetos rúnicos siguen siendo un acalorado debate entre los estudiosos, pero coinciden en una generalización.

Según estos eruditos, se cree que esta antigua lengua se fundó a partir de los antiguos alfabetos que la gente del Mediterráneo, que vivía mucho más al sur, utilizaba en el siglo I de nuestra era. También se está de acuerdo en que el alfabeto rúnico utilizó muchos de los símbolos sagrados anteriores que las tribus germánicas inscribieron en las rocas para continuar el desarrollo del futhark.

No es posible confirmarlo, pero el broche de Meldorf podría ser el ejemplo más antiguo del aspecto del alfabeto rúnico. Data de hacia el año 50 d. C., y procede del norte de lo que hoy es Alemania.

Sin embargo, hay que subrayar que aún no está claro si se trata de caracteres rúnicos o de letras romanas, por lo que no se dice que sea la fuente más antigua del alfabeto rúnico. Para ello se necesita la punta de lanza de Øvre Stabu y el peine de Vimose. La primera se encontró en Noruega y Dinamarca, pero ambas tienen fechas de confirmación de 160 d. C. El ejemplo más antiguo del alfabeto rúnico en su totalidad es la piedra Kylver, que se encontró en Suecia y data de alrededor del siglo V de nuestra era.

El desarrollo de la implantación de un alfabeto nórdico en todo el mundo antiguo se debió muy probablemente a las partidas de guerra germánicas. A medida que viajaban hacia el sur por Europa, especialmente por la zona mediterránea, lo trajeron de vuelta al norte de Europa.

Estas partidas de guerra se habrían visto influidas por los sistemas de escritura itálicos que encontraron durante los acontecimientos militares. Sabemos que el dios nórdico Odín, a través de su nombre más antiguo de Wōdanaz, era el patrón de estas bandas de guerra y de sus actividades. Tácito, el historiador romano, relata cómo Odín, referido como Mercurio, ya se había convertido en la deidad preeminente para la mayoría de los pueblos germánicos en esta época. Aún no sabemos con certeza si el alfabeto rúnico se difundió tanto porque se había entrelazado con el culto al dios o no.

Para las antiguas tribus germánicas, las runas no se consideraban un invento de la humanidad como proclamaban los romanos y los griegos. Por el contrario, fueron descubiertas por Odín, que había sufrido un dolor exquisito y superado importantes pruebas para revelar su forma eterna y siempre presente.

Según el mito, las runas se originaron en las aguas del Pozo de Urd, donde el conocimiento está imbuido en las aguas. Este pozo se encuentra en la base del árbol universal Yggdrasil. En el poema Völuspá, las Norns son tres doncellas y las runas son sus tallas. Esto da una relación fuerte y directa entre la magia, las runas y el conocimiento. Al fin y al cabo, el destino de todos fue tallado por las Norns.

Los poemas dicen que cuando Odín encontró el Pozo de Urd, se sacrificó y luego ayunó durante 9 días mientras miraba el agua del pozo. Los secretos de las runas se le revelaron y entonces transmitió el alfabeto rúnico a la humanidad. Lo más probable es que este típico acto de autosacrificio sea un ejemplo simbólico de ceremonias en las que se enseñaba a leer las runas, aunque aún carecemos de pruebas firmes de que ritos como éstos tuvieran lugar.

¿Por qué son tan importantes las runas en el paganismo nórdico?

Las runas son increíblemente importantes para guiarle en diversos asuntos o situaciones, revelándole lo que podría ocurrir en el futuro. No piense en ellas como un medio de adivinación o que le ofrezcan respuestas precisas o le digan lo que debe hacer. En su lugar, presentan muchos casos o ejemplos, sugiriéndole lo que podría hacer si se diera la situación. Piense en ellas como sutiles pistas sobre lo que desea saber, permitiéndole utilizar su propia intuición sobre estos sucesos.

Quienes leen las runas saben y comprenden que el futuro es más fluido que fijo. Usted tiene la capacidad y el don de recorrer los caminos que elija. Si lo que lee en las runas no le hace sentirse bien con el camino que está recorriendo, entonces puede labrarse un nuevo camino que sea mucho más adecuado para usted.

La lectura de las runas puede utilizarse en diversas ocasiones. Esto es especialmente cierto si se enfrenta a una situación en la que la información de la que dispone es limitada o si no puede ver el panorama completo.

¿Cómo funcionan las runas?

Leer las runas no consiste en adivinar su futuro. Mientras las tira, piense en una pregunta que quiera hacer o concéntrese en el asunto que tiene entre manos. Cuando hace esto, su subconsciente y su consciencia se concentran por igual. Las runas que lanza no están colocadas al azar; su subconsciente las ha elegido por usted.

¿Sobre qué temas puedo preguntar a las runas?

Mucha gente piensa que solo debe hacer preguntas, y algunos dicen que solo debe pedir orientación sobre temas concretos que le preocupen. Lo que decida preguntar o en lo que decida concentrarse depende simplemente de usted; es su decisión y solo suya.

Sólo recuerde que tirar las runas no consiste en decir lo que ocurrirá dentro de un año, dos años o treinta años. Es una forma de concentrarse en las consecuencias y los resultados de sus propias acciones.

¿De qué material deben estar hechas mis runas?

Puede elegir runas de una amplia gama de materiales, hueso, oro, plata, piedra, cristal, guijarros, madera o cualquier otro material. Incluso hay juegos fabricados con plástico. Cuando empiece a tirar runas, limítese a un juego sencillo para ver si la lectura de runas es para usted. Después de todo, no todos los paganos nórdicos lanzan runas.

Después de que haya estado practicando sus habilidades de lectura de runas durante varios meses y sepa que es lo adecuado para usted, la mayoría de la gente saldrá a comprar un juego que sea especial para ellos. Un juego de oro, plata o latón puede ser lo mejor para usted si le gusta el metal. Algunos tiradores de runas encargan runas exquisitas hechas de amatista u otro tipo de cristal. Otros encuentran sus guijarros, o elaboran las runas con la madera de un árbol especial para el poseedor.

Las runas que elija deben llamarle. Elegir los materiales adecuados para su juego es una decisión extremadamente individualista. Recuerde que lo más importante es cómo las utiliza, más que de qué están hechas.

Suele haber un manual o folleto de instrucciones en los juegos que adquiere. Pueden indicarle individualmente qué significan todas las runas y ayudarle a interpretarlas.

¿Cómo guardo mis runas?

La mayoría de los juegos de runas vienen con una bolsita de terciopelo que se cierra con un cordón. Esta bolsita guarda las runas todas juntas, además de mantenerlas bonitas y limpias. Las runas son bastante pequeñas en la mayoría de los juegos, y puede ser fácil perder una o dos. Si no, puede guardarlas en una simple caja o en algo más elaborado.

¿Cómo utilizar un mantel para runas?

Los manteles para runas son secciones de tela que se utilizan para tirar runas. Se prefiere un mantel sencillo y blanco para tirar runas, y existen manteles rúnicos ya confeccionados para este fin que puede adquirir en línea o en una tienda.

No invierta demasiado dinero en un mantel para runas cuando empiece. Sin embargo, puede comprar algo mucho más especial una vez que haya decidido que la lectura de runas es algo que desea continuar. Los manteles para runas sirven para evitar que sus runas se ensucien o se dañen de algún modo y actúan como una especie de periferia para sus runas cuando se tiran.

¿Es fácil leer las runas?

Del mismo modo que se tarda tiempo en comprender y dominar cualquier tipo de actividad, ya sea la lectura del tarot, la lectura de las hojas de té, la fabricación de espadas, la repostería, la escritura de libros, el diseño gráfico, etc., se tardará un tiempo antes de que usted sea competente en el lanzamiento y la comprensión de los mensajes sutiles de las runas. Pero no tema; hay muchas formas de obtener ayuda.

Existen numerosos libros en Internet y en su librería local dedicados a la lectura de las runas, que le ayudarán a comprender e interpretar lo que las runas intentan decirle. Cuando compra un juego de runas, generalmente vienen con una pequeña guía para ayudarle a aprender qué runa es qué y el significado que hay detrás de cada una.

Lo ideal es tener una mente abierta y un agudo sentido de la intuición para comprender lo que le están diciendo. Es completamente normal no estar seguro de estos mensajes cuando se está iniciando. Simplemente respire, tenga paciencia consigo mismo, tome nota de las runas de las que no esté tan seguro y continúe tirando para ver si el mensaje que le dan las runas sigue siendo el mismo más adelante.

Si tira una runa que aparece al revés, al igual que ocurre con las cartas del tarot, cuando las cartas están invertidas, hay significados inversos. El folleto puede ayudarle a determinar sus significados.

Runas en blanco

Algunos juegos incluyen runas en blanco. Hay lectores rúnicos tradicionales que afirman que los juegos de runas históricos nunca incluyeron runas en blanco, por lo que cualquier juego que utilice no debería incluir runas en blanco.

Si desea practicar la lectura de runas con runas en blanco es una decisión totalmente suya; siempre puede retirarlas.

¿Cómo puedo iniciarme en la lectura de runas?

Así que ha comprado su primer juego de runas, un mantel para runas, ¡y ya está listo para empezar! ¡Esto es increíble! Lo primero que tiene que hacer es localizar un lugar bastante tranquilo donde pueda realizar sus lecturas. Antes de hacer nada, siéntese y relájese durante un minuto, despejando su mente e intentando relajarse. Cuando esté preparado, rece una oración o concéntrese en los asuntos que desea resolver.

Extienda su mantel para runas sobre una mesa o en el suelo, listo para que tire las runas.

Al igual que con la lectura del tarot, existen numerosas tiradas o disposiciones que puede probar. Sin embargo, para su primer intento, debería empezar utilizando una sola runa para analizar cuál es su significado. Al fin y al cabo, se aprende a leer aprendiendo cada letra y cómo se pronuncia individualmente antes de empezar a juntarlas para aprender palabras.

Esta es una buena forma de aprender a tirar las runas si no se siente tan seguro como desearía. Centrarse en una runa cada vez le proporciona la concentración que necesita.

Después de aprender para qué sirve cada runa y sentirse más seguro, puede empezar a practicar varias tiradas o disposiciones.

La disposición de las tres runas

La tirada más sencilla es la de las tres runas, adecuada para los principiantes. Usted escoge tres runas al azar de su bolsa de runas y las coloca sobre el mantel para runas. La primera runa, colocada a la derecha, representa la situación general o la pregunta, la runa dos se coloca en el centro y simboliza los retos a los que se enfrenta, y la runa tres se sitúa en el lado izquierdo y simboliza lo que podría hacer para superar los obstáculos.

La disposición de las cinco runas

Esta forma de tirada toma cinco runas seleccionadas de su bolsa, sacadas completamente al azar, de una en una.

La primera runa se coloca en el centro. La segunda runa se coloca en el lado oeste de la runa central, la tercera runa se coloca en la posición norte, la cuarta runa en la posición sur, y la runa cinco se coloca al este de la runa central. Puede mantenerlas boca arriba al colocarlas o boca abajo y volcarlas al continuar con la lectura.

Las runas dos, uno y cinco simbolizan el pasado, el presente y el futuro. La runa cuatro representa aspectos de los problemas o dificultades que debe aceptar, y la runa tres simboliza lo que posiblemente podría ayudarle en relación con los problemas o dificultades a los que se enfrenta.

La tirada de nueve runas

De todos los números del paganismo nórdico, el nueve se considera lleno de magia, por lo que una tirada de nueve runas es una disposición extremadamente popular. Es una tirada estupenda si está intentando descubrir qué pasos puede dar o qué oportunidades pueden estar esperándole. Si busca utilizar y desarrollar su intuición, esta es la tirada ideal para usted.

La mayoría de los maestros de la tirada de runas creen que las runas que se colocan más cerca de la runa central son más importantes para la situación en cuestión, mientras que las que se sitúan más lejos no son tan significativas. Supongamos que sus runas se tocan o se sitúan más cerca unas de otras. En ese caso, podrían producirse efectos armonizadores, mientras que las runas más alejadas simbolizan influencias contradictorias.

La mayor parte de su atención debe centrarse en las runas colocadas con la cara hacia arriba. Puede anotarlas para estudiarlas después. A continuación, coja las runas que han caído boca abajo y trasládelas, pero déjelas en sus posiciones originales. Estas runas simbolizan impactos futuros y quizá saquen a la luz posibles oportunidades.

Capítulo 7: Construir un altar

Los altares son espacios sagrados formados por uno mismo *para* uno mismo y que le permiten simbolizar las relaciones que mantiene con los dioses a los que adora. Los antiguos paganos nórdicos conservaban altares tanto dentro como fuera del hogar. Los que estaban dentro del hogar se llamaban Ve. Estos altares son el lugar donde usted y los miembros de su familia honran a las deidades, donde pueden practicar la meditación y donde pueden llevar a cabo rituales y ceremonias. Puede tener un altar dentro de casa, fuera de casa o tener uno para ambos lugares.

Existen kits prefabricados que puede adquirir en línea o en una tienda. Sin embargo, es muy recomendable que cree su propio altar a mano. Esto le permite formar una relación personal con los dioses a través de algo que es únicamente suyo.

Mientras crea el altar que piensa utilizar para el culto, debe recordar que no hay una forma incorrecta de hacerlo, y que solo existe SU FORMA. Los altares nórdicos, o los altares Ásatrú, son tan únicos como quienes los veneran. Cree siempre el suyo de la forma que considere correcta, pero siga leyendo para conocer algunos consejos y sugerencias útiles en los que podría basar el suyo.

El primer paso: Dónde colocar su altar

Un altar en el interior

Antes de crear su altar, primero debe decidir dónde desea colocarlo. Puede colocarlo en cualquier zona de la casa que desee, pero si hay otras personas viviendo en su hogar, es posible que desee colocarlo en un lugar donde no sea molestado ni se interponga en su camino.

A menudo se prefiere una estantería o una mesa pequeña. Si utiliza una mesa, quizá quiera poner un cojín cerca de ella, para tener un lugar cómodo donde sentarse o arrodillarse. Una repisa de chimenea es un lugar fantástico para utilizar como altar porque suele convertirse en el punto focal de la habitación.

Es recomendable que disponga de algo para guardar los objetos que vaya a utilizar para el altar. Según van y vienen las estaciones, muchos cambian los artículos de sus altares o los cambian para cuando realizan hechizos o rituales concretos. Una cómoda o un armario pueden ser un altar estupendo porque las cosas que cambie pueden guardarse dentro de un cajón o en la parte de almacenamiento.

Un altar en el exterior

Si tiene un altar al aire libre para rendir culto y realizar rituales, necesitará una superficie plana sobre la que colocar sus objetos. Tal vez desee utilizar una sección aplanada de roca que pueda colocar en varios lugares. Tal vez quiera utilizar un viejo tocón de árbol, una gran roca o una mesa plegable portátil. No hay elección equivocada, solo la suya.

Para los que vivan en apartamentos o en una zona muy urbanizada, podría crear un altar que pueda transportar fácilmente a algún lugar significativo o relajante para usted. Podría ser un lugar en el bosque, la playa, junto a un río o arroyo, o en lo alto de una colina con vistas a la ciudad. La elección es suya.

El Segundo Paso: Las partes esenciales

La siguiente parte es añadir las cosas esenciales que desea poner en su altar. Mucha gente se decide por un mantel de altar. Los manteles de altar son trozos de tela que coloca sobre su altar. Es una forma fantástica de proteger la superficie de su altar, sobre todo si es de madera o un mueble antiguo. Al encender velas es muy fácil que la cera caliente se derrame por los lados y gotee sobre la superficie. Del mismo modo, si está ofreciendo hidromiel a los dioses, es fácil que se derrame sobre la superficie.

Pero hay otra razón, más mística, por la que tanta gente decide utilizar manteles de altar. Son formas de aumentar la fuerza del poder de su magia.

Puede utilizar cualquier color o diseño de tela que desee. Algunos optan por una simple tela blanca, otros por diseños más oscuros y prácticos, mientras que otros utilizan telas estampadas con diseños como Yggdrasil. Otros eligen telas de un solo color que representan a una deidad y la cambian por otro color cuando veneran a un dios diferente.

Las velas son una parte importante de los altares y ceremonias de la mayoría de la gente. Cada color representa un significado, por lo que debe tener velas de distintos colores. Las velas de cera de abeja son estupendas por varias razones. En primer lugar, están hechas a mano por apicultores locales. En segundo lugar, no tienen productos químicos desagradables y, en tercer lugar, son mucho más sostenibles que las producidas en masa. Muchas personas mantienen velas blancas en sus altares de forma permanente y añadirán velas de varios colores en función de los rituales que realicen para cada dios.

También puede ofrecer velas a los dioses en los rituales, ya que son el símbolo del fuego. Recuerde que nunca debe dejar una vela encendida sin vigilancia y practique la seguridad con las velas.

Otros objetos esenciales que verá en muchos altares paganos nórdicos son los cuencos o platos. Son en los que se colocan las ofrendas y pueden ser cualquier cosa, desde un plato escondido en el fondo de un armario de la cocina hasta algo lujoso que haya encontrado en una tienda de antigüedades.

No necesita nada enorme ni caro. Puede utilizar cualquier cuenco que tenga en casa, incluso en los que come. Si ofrece bebidas o alimentos calientes a las deidades, asegúrese primero de que los recipientes no se van a romper, agrietar o hacer añicos por las altas temperaturas. Los artículos más fríos pueden colocarse dentro de recipientes de madera.

Si decide ofrecer a los dioses una bebida o varias, puede utilizar algo como un vaso, vasos de chupito, una taza de té o incluso una copa. Los materiales no importan lo más mínimo.

Siempre debe pensar si estos objetos pueden limpiarse fácilmente. Puede que le resulte difícil limpiar adecuadamente un cuenco de porcelana centenario que le encanta, pero tiene miedo de que se rompa.

Lo siguiente que debe añadir son toques que recuerden a los dioses nórdicos. Puede tratarse de estatuas de las deidades que adora o de algo que las represente. Por ejemplo, puede comprar estatuas del dios Thor, pero siempre puede representarlo utilizando cuarzo. Algo amarillo podría simbolizar a Freya, o podría simbolizar a Njörðr con agua. Algunas personas utilizan estatuas de animales para los dioses.

No tiene por qué honrar a todos los dioses, ni tampoco a uno solo. Dedique su altar a todos o solo a las deidades con las que se sienta más conectado. Estudie su historia, sus mitos y sus logros para saber a qué dioses admira más.

Muchos paganos nórdicos también utilizan sus altares para honrar a sus ancestros. El culto a los ancestros es un aspecto importante del paganismo nórdico. Puede guardar objetos o fotos en su altar para recordarlos y venerarlos. Después de todo, sin ellos, usted no estaría aquí.

Los cuernos para beber son objetos muy populares que se encuentran en los altares nórdicos. Se utilizan para hacer una ofrenda o libación a los dioses. Esto es cuando se honra a la deidad o antepasado y a una bebida derramándola delante de usted en el suelo.

Aunque los cuernos NUNCA se llevaban en los cascos nórdicos o vikingos (puede dar las gracias a los artistas escandinavos del siglo XIX por este concepto erróneo), los recipientes para beber con cuernos eran extremadamente comunes y se han encontrado en yacimientos arqueológicos de todo el mundo escandinavo. Hay algunos con una antigüedad de hasta 2.600 años, y eran una forma práctica de utilizar una parte del animal que no se podía consumir.

En los mitos, se dice que las almas de los que eran enviados al Valhalla bebían de un cuerno.

Las runas son una forma estupenda de hacer su altar más nórdico. El alfabeto rúnico, conocido como futhark, se remonta al siglo I de nuestra era, y se utilizaban para adivinar posibles resultados a diversos asuntos y problemas. Muchos paganos dejarán sobre el altar un juego de runas, que están hechas de diversos materiales como papel, madera, guijarros, metal, piedra, plástico o incluso cristales. Encuentre un juego que le hable y con el que sienta una conexión.

Los cálices son artículos muy populares para tener en un altar pagano nórdico, ya que se utilizan para hacer una ofrenda a los dioses o a los ancestros. La bebida tradicional para ofrecer es el hidromiel, pero puede utilizar cerveza o cualquier otra bebida. Si lo desea, puede comprar miniaturas si no quiere comprar una botella más grande. Si no bebe alcohol o no tiene edad para beber alcohol, puede ofrecer cualquier bebida que desee; agua, refresco, zumo, té, café, chocolate caliente, etc.

Los dioses aceptan cualquier cosa que desee ofrecer.

Otro objeto muy común en los altares paganos nórdicos es un poema dedicado al dios Odín.

El Hávamál se llama el Discurso del Altísimo. No es un texto sagrado, pero muchos consideran que contiene brillantes consejos que pueden poner en práctica en su vida cotidiana, junto con varios relatos sobre el dios y numerosos amuletos y hechizos.

Ha sido una valiosa fuente de información sobre la cronología del culto a Odín a lo largo de los siglos y se dice que le acerca a él y a las demás deidades.

Además del Hávamál, el Libro de los blóts (*Book of Blots*) es otro gran texto que muchos paganos nórdicos conservan. Este libro contiene los ritos y hechizos que se utilizaban a lo largo de las distintas estaciones para acercarle a los dioses. Es un manual clásico para todos los paganos nórdicos.

Por último, es posible que desee tener objetos naturales encontrados al pasear o visitar zonas de gran belleza. Podrían ser objetos conocidos por ser sagrados para los dioses, como una rama de fresno (sagrada para Odín) o las plumas de un pájaro (sagradas para la diosa Freya). Dan un toque maravilloso a cualquier altar y lo hacen únicamente suyo.

Altares dedicados a los ancestros

El culto a los ancestros es una práctica muy respetada en el paganismo nórdico, al igual que en muchas otras formas paganas y en la wicca, sobre todo en Samhain. Esta festividad, que se celebra el último día de la cosecha del año (31 de octubre), se considera la noche en que el velo que separa el mundo de los vivos y el de los espíritus es extremadamente delgado. Un altar dedicado a sus ancestros le permite honrar a su linaje (o a su línea familiar si es adoptado) o a aquellos que le han ayudado y guiado para convertirse en el individuo que realmente es. Puede crear un altar ancestral solo para determinados festivales como Samhain o utilizarlo durante todo el año.

Es la forma perfecta de honrar a sus ancestros si dispone de espacio para crear un altar durante todo el año. Puede utilizar una mesa entera, una estantería, la parte superior de su cómoda o incluso la repisa de la chimenea. Debe colocarlo donde no pueda estorbar a nadie, un lugar donde los espíritus de sus ancestros puedan reunirse, para que pueda honrarlos sin tener que transportarlo de una habitación a otra.

Tampoco tiene que honrar a los humanos. Puede dedicar un espacio a un amigo querido o a las mascotas que hayan cruzado el Puente del Arco Iris. No necesita estar emparentado por sangre con alguien para honrarle. Al fin y al cabo, la familia significa algo diferente para cada persona.

¿Cómo hacer que sea un lugar especial?

Una vez que haya elegido el lugar donde desea establecer su altar ancestral, el siguiente paso es asegurarse de que esté limpio. Después de todo, ¿de verdad cree que a su abuela le gustaría visitarle para encontrarse telarañas por todas partes? No, por supuesto que no lo haría. Limpie la zona, asegúrese de que los muebles están lavados y pulidos, y aparte cualquier objeto que no desee que aparezca en su altar. Si lo desea, puede recitar una pequeña oración o hechizo para limpiarlo espiritualmente.

Una buena forma de hacerlo es consagrándolo con un conjuro que invoque a los cuatro elementos. Otras formas fantásticas son mediante el sahumerio, normalmente con hierba dulce o salvia. Ambos tienen buenas propiedades limpiadoras y harán que su habitación huela de maravilla.

El siguiente paso es colocar el mantel de su altar para hacerlo más acogedor para sus ancestros. Dependiendo de sus tradiciones, puede utilizar un mantel rojo, uno blanco o a veces azul. Algunas de las tradiciones paganas celtas piden un mantel con flecos, ya que los flecos les unen a sus ancestros. Para algo especial, podría hacer o encargar un mantel de altar con los nombres y detalles de sus ancestros.

Todos tenemos ancestros, pero no todos tienen las mismas relaciones. Usted tiene los ancestros con los que está relacionado biológicamente, padres biológicos, abuelos, bisabuelos, etc. - esas personas con las que estamos directamente emparentados.

También tiene ancestros arquetípicos, aquellos que son representativos de las zonas geológicas de las que procede su familia. Por ejemplo, si vive en América, pero su hogar ancestral es Dinamarca, podría honrar a los espíritus de Dinamarca.

Algunos paganos nórdicos honrarán a los ancestros espirituales de la tierra en la que viven actualmente. Por ejemplo, si usted es de Inglaterra, pero actualmente vive en Noruega, puede honrar a los espíritus de Noruega.

Por último, pero no por ello menos importante, tiene a sus ancestros espirituales. Estos son los espíritus de su familia que pueden no estar emparentados con usted por sangre pero que le han querido y cuidado como si fuera suyo. Pueden ser sus padres adoptivos, padres de acogida, tutores o la encantadora tía que era la mejor amiga de su madre en lugar de ser su tía.

Su árbol genealógico es amplio con amor, respeto, dedicación y honor.

El siguiente paso es encontrar fotos de estas personas. Elija las fotos que signifiquen algo para usted, una foto de su abuelo sosteniéndole en sus rodillas cuando era un bebé o de su bisabuela mientras mira fijamente a su marido el día de su boda. Si en su foto aparece alguien vivo, ¡no pasa nada! Colóquelas de forma que pueda verlas todas al mismo tiempo con facilidad.

Si le faltan fotos de sus ancestros, puede sustituirlas por objetos que alguna vez poseyeron. Esta podría ser una forma estupenda de honrar a aquellos que vivieron en una época en la que la fotografía no era común. Podría ser un anillo, un broche, una pipa, un plato, un libro o incluso un relicario. No hay reglas ni limitaciones que pueda utilizar.

Si no dispone de un objeto real que poseyeran en su día, al fin y al cabo, no todo sobrevive, puede utilizar algo que los simbolice. Por ejemplo, suponga que sus ancestros eran originarios de Escocia. En ese caso, podría colocar un trozo de tela de tartán que identifique a su clan, o si su familia tiene un legado en la fabricación de libros, entonces podría utilizar un libro antiguo.

Por último, ¿por qué no añadir una representación de su árbol genealógico que pueda colocarse en algún lugar de su altar? Las cenizas de sus seres queridos también pueden ocupar un lugar central.

Una vez que haya reunido todos los objetos que representan y encarnan a las personas que le precedieron, ahora es el momento de asegurar su singularidad. Tal vez coloque velas de colores que representen los meses en los que nacieron, o añada una copa como símbolo del abundante útero de la Madre Tierra. Tal vez quiera añadir tallos de trigo secos y un martillo para representar a Thor y su esposa. No hay nada malo en añadir lo que sea significativo para usted.

Capítulo 8: Rituales y hechizos nórdicos

Los paganos nórdicos comprendían que era necesario mantener una buena relación con los dioses. Mantenerse en su lado bueno se hacía haciendo *sacrificios blót*. Los sacrificios blót eran un acto de intercambio, una forma de dar algo a los dioses, y éstos ofrecían algo a cambio. Por ejemplo, alguien podía ofrecer a los dioses un gran cuenco de fruta fresca, y el dios podía bendecirle con la fertilidad.

Como ocurre con todas las religiones, mantener y controlar las actividades religiosas era importante en el antiguo mundo nórdico, especialmente durante el periodo vikingo. Las pruebas arqueológicas demuestran que los ritos y las ceremonias religiosas se celebraban en las fincas de los magnates locales, convirtiendo estos lugares en emplazamientos de una combinación de centros religiosos, económicos y políticos.

La mayoría de estos ritos y ceremonias se celebraban en las fincas de estos magnates, pero también se celebraban en las granjas de la gente corriente. Los granjeros de determinadas regiones se reunían y honraban a los dioses mediante sacrificios blót. El magnate acudía y actuaba como sacerdote pagano, dirigiendo estos sacrificios blót en nombre de todos.

Los magnates también utilizaban estos sacrificios blót para presumir de su poder social y de lo próspero que era. Por ejemplo, un magnate solía suministrar comida y bebida a los asistentes. Cuando el cristianismo se extendió por el mundo escandinavo, estos sacrificios blót cesaron gradualmente, ya que ahora los ritos religiosos se practicaban en las iglesias.

En el siglo XIII, Snorri Sturluson escribió "Haakon el Bueno", una saga sobre el rey nórdico Haakon Haraldsson, que gobernó entre 920 y 961. Esta saga es una fantástica fuente de información sobre los sacrificios blót y es la fuente más completa que se conserva.

El padre de Snorri, Sigurd Hakonsson, realizaba a menudo este tipo de sacrificios, al igual que todos los campesinos. Se reunían en los templos y compartían comida y bebida durante las ceremonias. Las descripciones de los sacrificios de animales nos dicen que incluían una gran variedad de especies, pero los caballos eran los más populares.

En primer lugar, se sacrificaba el animal. A continuación, el sacerdote recogía la sangre y utilizaba ramitas para rociar con ella a todos los asistentes, así como el altar y las paredes. Tras este paso, la carne se cocinaba sobre un fuego central en una gran olla. El magnate, actuando como sacerdote pagano, pronunciaba una bendición sobre la comida antes de dar a cada uno un trozo de ella. También se repartía hidromiel entre todos.

El primer brindis estaba dedicado al dios Odín. Bebieron las copas hasta secarlas y luego las volvieron a llenar para honrar a Njörðr y luego a Freyr, con la esperanza de obtener un futuro lleno de paz y prosperidad. El siguiente brindis se dedicaba a un voto hecho a uno mismo, como conseguir una gran victoria en la batalla, y el último brindis se dedicaba a los miembros de la familia que yacían en sus tumbas. Snorri Sturluson relata la generosidad de su padre, que proporcionaba todo el banquete para estas ocasiones, lo que hacía que se le recordara durante muchos, muchos años después.

Estos ritos de sacrificio de los paganos nórdicos, especialmente durante la época vikinga, podían variar. Podían ofrecer una serie de objetos, como herramientas, joyas y armamento, y se llevaban a cabo en los grandes salones de los magnates.

Numerosos escritos de esta época afirman que los sacrificios humanos y animales se ofrecían comúnmente a las divinidades. Se llevaban a huecos sagrados en zonas boscosas donde se colgaban de las ramas.

Muchos sacrificios se realizaban en el mismo lugar a lo largo de las generaciones en la creencia de que estos lugares tenían más poder, lo que les daba una conexión más fuerte con las deidades. Las fuentes cristianas afirman que los vikingos solían hacer sus sacrificios a estatuas de los dioses, colocadas en edificios o en lugares especiales al aire libre.

Se celebraban cuatro sacrificios blót a lo largo del año: uno en el solsticio de invierno, otro para celebrar el equinoccio de primavera, otro en el solsticio de verano y el último en el equinoccio de otoño. Se realizaban más de estos sacrificios blót en otras épocas del año si había alguna necesidad, como una emergencia que requiriera la ayuda de las deidades invocadas.

Ejemplos de plegarias:

A Odín

Salve a Odín, el Padre Todopoderoso de Asgard
Guerrero feroz, de gran alcance y sabio,
Tú, a quien los señores de Asgard buscan consejo
El Padre del Cielo que cabalga el Sleipnir de ocho patas,
Tú, que sacrificaste tu ojo
Tú, que gobiernas un reino atribulado,
Concédeme la sabiduría que necesito
Para prosperar a través del destino de las nornas que tejen,
Protégenos a todos
A través del peligro y la lucha,
Condúcenos al gran salón
Que solo espera al más valiente de todos.

A Thor

Poderoso dios del trueno
De las tormentas que llenan la tierra
Que hace retroceder el hielo del Jötnar
El hijo de la Madre Tierra,
Te suplicamos que me concedas
La misma fuerza
Que agrieta el Bifröst al caminar sobre él
La fuerza que hace crecer alto al poderoso roble,
No me dejes decaer

Bajo el peso de la desgracia,
Préstame tu poder
Para que no desaparezca
Bajo los pies de los poderosos
Sino que me levante y dé mi propio golpe,
Tú que haces temblar el cielo
Tú que proteges la Tierra
Protégeme del daño
Y mantente fuerte en la más feroz de las tormentas.

A Freya

Salve a Freya, diosa de la magia y el amor
Acógeme bajo la seguridad
De tus alas de halcón
Y escudo de valquiria
Déjame llevar la paz
Donde hay guerra
Préstame tu fuerza
Para proteger a los que se enfrentan al mal,
Salve, diosa de la magia
Muéstrame el camino
Para ver el peligro que aguarda en los rincones de las sombras
Y trae luz a la oscuridad.

A Hel

Saludo a Hel, la diosa del inframundo
Donde las sombras frías y oscuras
alberga las almas de mis ancestros
Que esperan mi llegada
Protege a mis espíritus ancestrales
Donde el destino ha decretado que no puedo estar,
Envuélvelos en tu frío abrazo
Hasta el momento en que pueda ocupar su lugar,

Háblales de mi amor y honor por ellos
Háblales de mis grandes hazañas
Hasta el día en que yo llegue
Y oigan hablar de sus propios logros.

Una bendición para un nuevo niño:

Salve a los dioses por este maravilloso niño
que han decretado que bendiga a nuestra familia,
Salve a los espíritus de nuestros ancestros
A quienes este niño se unirá un día,
Pequeño, que crezcas fuerte y verdadero
Justo y honorable,
Que la sabiduría de Odín esté en tus manos
Que la fuerza de Thor corra por tus venas,
Que la belleza de Freya nunca abandone tu rostro
Que la justicia de Tyr nunca abandone tu corazón,
Sé bienvenido a nuestro hogar para siempre
Donde el hidromiel nunca se secará
Las canciones nunca se desvanecerán
Hasta el día en que te unas a tus ancestros.

A Nerthus

Salve a Nerthus, la gran hija de la tierra
Honramos la generosidad que nos proporcionas,
Salve a Nerthus, la gran madre de todos
Honramos la vida que traes
Salve a Nerthus, la más grande de todas las mujeres
Honramos la belleza de tu creación.

Capítulo 9: Fiestas y festivales nórdicos

Rueda del año
https://commons.wikimedia.org/wiki/File:Wheel_of_the_Year.svg

A menudo se pregunta si los paganos nórdicos tenían su propia rueda del año o cómo era su calendario. Esto puede ser un poco difícil de decir porque los paganos nórdicos, especialmente durante el periodo vikingo, viajaban mucho y sus calendarios cambiaban con cada nueva ubicación. Por desgracia, nuestro conocimiento de estos calendarios nórdicos es muy limitado, y la información que ha sobrevivido está muy influenciada por el cristianismo.

Sin embargo, hay una serie de referencias en los registros arqueológicos que nos dan una idea de estas fiestas y festivales paganos nórdicos. De hecho, hasta el siglo XVIII, estas celebraciones se seguían celebrando en Islandia, lo que nos da una visión fascinante de cómo las habrían celebrado los primeros germánicos siglos antes.

Hoy utilizamos el calendario gregoriano, pero los paganos nórdicos separaban su año en solo dos estaciones, verano e invierno. Los nórdicos utilizaban las fases de la luna para marcar el paso del tiempo en lugar del sol, y el comienzo de cada mes lo marcaba una luna nueva. El año se dividía en doce meses, que constaban de treinta días. Cada cuatro veranos, se añadían cuatro días más en referencia a un año bisiesto. Estos cuatro días adicionales se denominaban Sumarauki.

Los equinoccios y los solsticios tenían importancia para los antiguos nórdicos, al igual que en la mayoría de las culturas del mundo, ya que se utilizaban para predecir el comienzo de las nuevas estaciones, lo que era vital para la agricultura y la producción agrícola.

Yule (del 20 de julio al 31 de diciembre)

El acarreo del tronco de Navidad
https://commons.wikimedia.org/wiki/File:Chambers_Yule_Log.png

La fiesta más importante del calendario pagano nórdico era una celebración del Año Nuevo que se desarrollaba a lo largo de doce noches. El 20 de diciembre, el dios Ingyi Freyr salta sobre su reluciente jabalí y cabalga por el cielo, repartiendo amor y luz por toda la Tierra. Cuando el cristianismo llegó al mundo escandinavo, se decía que el dios Balder había renacido al mundo en esta fecha, y después Jesús.

La celebración de Yule celebra que todo tiene un principio y un final; incluso la parte más oscura del año debe terminar, y la primavera, o la luz, está en camino. Wotan, también conocido como Odín, lidera la Cacería Salvaje a lomos de Sleipnir, un caballo de ocho patas, parido por Loki, mientras los muertos vagan por la Tierra como su séquito. En la noche del solsticio, los niños nórdicos colocaban junto al fuego sus botas cargadas de azúcar y heno para Sleipnir en sus viajes. El dios Wotan colocaba entonces un regalo para estos niños por ser tan amables. En los tiempos modernos, Wotan se ha transformado en Papá Noel/Santa Claus y Sleipnir en los ocho renos.

La antigua fiesta germánica de mediados de invierno de Yule tiene sus raíces en la palabra *Hjol*, una palabra nórdica antigua que se traduce como "rueda". Se trata de una referencia al momento en que la rueda del año ha llegado a su punto más bajo y está a punto de elevarse de nuevo. La palabra Hjol tiene su origen en un dialecto preindoeuropeo, que hace referencia al regreso del sol como una rueda resplandeciente que surca los cielos. La fiesta de Yule se celebró durante miles de años antes de la invención del cristianismo.

Muchos casos de las sagas islandesas mencionan Yule, junto con otras muchas fuentes tempranas que nos cuentan cómo celebraban Yule los antiguos paganos, incluyendo bailes, banquetes, regalos y ¡más banquetes!

En fuentes posteriores, Yule era la más sagrada y popular de todas las fiestas paganas nórdicas porque celebra el momento en que el dios Balder pudo abandonar la fría, oscura y gris morada de Hel, el inframundo, y regresar al mundo de los vivos.

Aunque no existen fechas oficiales sobre cuándo comenzaron las celebraciones del Yuletide, era tradicional que duraran doce días, comenzando cuando el sol se ponía en el solsticio de invierno. Esto significa generalmente alrededor del 20 de diciembre en el hemisferio norte. Cuando el cristianismo llegó a Escandinavia, robaron la festividad y la rebautizaron como los doce días de Navidad.

La primera noche de Yule se llama Noche de las Madres, o Mothernight, en la que la gente presenta sus respetos a los espíritus ancestrales femeninos llamados Disir y a la diosa Frigg. Es el día más corto del año y la noche más larga, y simboliza el renacimiento del mundo. Durante esta celebración, la gente permanecía despierta toda la noche hasta que el sol iniciaba su ascenso por el horizonte al día siguiente para tener la seguridad de que el sol no permanecería en la oscuridad.

Yule es la época en la que Midgard y Asgard, junto con todas las deidades, están más cerca entre sí periodo dentro del calendario nórdico.

La gente se refería a Odín como "el de Yule", o Jonir, y al resto de los dioses los llamaban Seres de Yule. Papá Noel, o Santa Claus, está basado en Odín. Los muertos encuentran el camino a Midgard, donde participan en las fiestas que celebran sus parientes vivos. La gente puede dar la bienvenida a los trolls, elfos y otras criaturas sobrenaturales en actos de amistad y paz, o pueden ser rechazados. Odín dirige la Cacería salvaje, un séquito de muertos, que cabalga ferozmente por el mundo. La gente dejaba ofrendas de comida y bebida para la Cacería salvaje con la esperanza de obtener bendiciones, pero no se reunía con ellos personalmente, ya que un atisbo de la Cacería salvaje podría hacer que te unieras a ellos para siempre.

Este es el periodo festivo para celebrar con los seres queridos, bailar toda la noche y darse un festín hasta saciarse. Numerosas tradiciones se mencionan en las fuentes históricas, y se creaban ruedas solares a las que luego se prendía fuego. Otra celebración es la de moldear alimentos u otros objetos con forma de jabalíes y luego hacer una promesa sagrada sobre ellos, ya que los jabalíes eran el animal favorito tanto de Freyr como de Freya.

Una modificación de este ritual sobrevivió en la Suecia del siglo XXI, donde en Yule se sacaban imágenes de madera de un jabalí, o una hogaza de pan con forma de jabalí y luego cubierta con la piel de un cerdo. Hoy en día, muchos paganos nórdicos preparan y comen pasteles de jabalí para mantener esta tradición. Los paganos nórdicos también hacían juramentos personales y sinceros sobre los cuernos de beber mientras festejaban en Yule, y de aquí es de donde sacamos el concepto moderno de los *propósitos de Año Nuevo*.

Otra tradición muy popular en Yule consistía en llevar un pino o abeto al hogar y decorarlo. Esto se derivó del mundo germánico y fue introducido por los inmigrantes en América antes de que se popularizara en otras partes del mundo. El árbol es una representación del árbol de la vida, Yggdrasil, colgando regalos de sus ramas. Aunque en Alemania la práctica debía realizarse en secreto debido a las estrictas normas de la iglesia cristiana, la costumbre de decorar un árbol en Yule (aunque fuera del hogar) siguió practicándose en toda Escandinavia e Inglaterra sin problemas. Allí, la gente decoraba los árboles con coronas hechas con velas y cintas, posiblemente simbolizando la rueda solar, y luego las llevaban al interior de los hogares.

La siguiente tradición importante era la del tronco de Yule. Aunque hoy en día suele presentarse en forma de una gigantesca delicia de tarta de chocolate y glaseado, un tronco de Yule era un grueso leño que se quemaba durante toda la noche de la noche más larga del año, simbolizando que hay luz incluso en la oscuridad y que el sol se volvería a encender al amanecer a partir de él.

Las cenizas que quedaban tras la incineración del tronco se utilizaban después para formar amuletos. La idea era que estos amuletos proporcionaban protección a quienes los llevaban durante los doce meses siguientes. Quienes carecían de una chimenea que pudiera contener troncos tan enormes se contentaban con quemar velas que duraban un día entero.

Durante los doce días siguientes a la festividad, la gente decoraba sus casas con diversos adornos, como muérdago o ramitas de acebo, que traían de la naturaleza (o que creaban ellos mismos). Los antiguos paganos cortaban telas en forma de estrellas o de papel que colgaban en techos y paredes o utilizaban bloques de madera que luego tallaban en forma de animales que se creía que eran los favoritos de los dioses. Las cabras eran tallas populares dedicadas a Thor, mientras que los jabalíes se dedicaban a Freyr.

Un alto porcentaje de los objetos, tradiciones, representaciones y costumbres como las estrellas, el muérdago, la decoración de un árbol, los troncos de Yule, etc., que muchos occidentales consideran propios de la fiesta de Navidad, tienen todos sus orígenes en Yule, *¡una fiesta pagana totalmente nórdica!*

Cuando el cristianismo empezó a popularizarse entre los pueblos germánicos y escandinavos, les resultó más fácil asociar los símbolos y tradiciones pertenecientes a los paganos con interpretaciones cristianas, ya que suprimirlos fracasó. También lo hicieron con otras fiestas como la Pascua y Halloween.

Disting (Dísablót, 2 de febrero)

A menudo llamada *Oimelc*, Disting es la fiesta que honra a las Disir, o Idises. Son las antepasadas espirituales de su familia femenina, las madres que siguen cuidando de su familia desde el otro lado. La palabra "Oimelc" deriva de una palabra anglosajona que significa "leche de oveja" y se asocia a los meses en los que nacen los primeros corderos de la temporada.

La celebración de Disting se identifica desde hace mucho tiempo con el frío y la nieve, pero también con el fuego del hogar, de la danza en torno a él, y con la curación.

Las deidades que se identifican con aspectos de las partes más profundas y frías del invierno son las que se celebran en este festival. Entre ellas se encuentran la primera esposa de Loki y sus hijas, Glut, Eisa, Einmyria, Logi (la personificación Jötnar del fuego) y Bragi (debido a que creó la poesía para entretener a la gente durante los fríos meses de invierno). Dado que el invierno suele asociarse con las enfermedades, también se honra a las diosas Eir y Mengloth, junto con las doncellas de esta última. También hay referencias a honrar a Ymir y Surt.

Esta celebración está asociada a la preparación de la tierra antes de la siembra. En los primeros tiempos, era común contar el ganado para ver cuánta riqueza se poseía y, debido a ello, es una celebración de las finanzas. Se decía que los terneros que nacían en esta época eran un indicador de un año próspero. La celebración era también una época asociada a la reunión de la ley, conocida como la Cosa, por lo que es probable que durante la celebración se venerara a los dioses Van, Syn, Ullr, Tyr y Forseti, todos ellos identificados con la elaboración y el mantenimiento de la ley, y la realización de juramentos.

Disting también se denominaba el Encanto del Arado, en referencia a un ritual anglosajón. En Suecia, era una fiesta que tenía lugar en algún momento entre principios y mediados de febrero, a la que se llamaba la "Cosa/Asamblea de las Diosas", un momento que marca los nuevos comienzos y el inicio del año en el que el trabajo duro se traducirá en bendiciones.

Ostara (del 20 al 21 de marzo)

Ostara es la festividad de la diosa de la primavera Ostara (también conocida como Eostre), una celebración de la fertilidad, el renacimiento y el júbilo, a pesar de que para muchos fieles el invierno sigue teniendo su frío y gélido control sobre la tierra. Era en esta época cuando la gente coloreaba huevos de diversos tonos y los regalaba a sus seres queridos y amigos para desearles una buena estación. Esta práctica era un rito de fertilidad y prosperidad. Esta fiesta estaba simbolizada por los conejos porque era en esta época cuando los animales hacían su primera aparición tras desaparecer durante el invierno (¡así como por su capacidad reproductiva bastante rápida!).

Tanto los conejos como los huevos, que simbolizan esta fiesta, han conseguido mantenerse como parte integrante de la tradición al incorporarse a la festividad cristiana de la Pascua. Esta fiesta debe su nombre a Eostre, una diosa protogermánica de la fertilidad primaveral.

Al igual que hoy, los coloridos huevos que regalaban los paganos nórdicos estaban destinados solo a los niños, aunque los adultos de hoy disfrutan del equivalente moderno de los huevos de chocolate.

La celebración de Ostara suele tener lugar el 22 de marzo, o alrededor de esta fecha, que cae en el equinoccio de primavera. La fiesta debe su nombre a la diosa del mismo nombre, una diosa protogermánica de la primavera que sigue envuelta en el misterio. Más tarde, los paganos nórdicos honrarían a la diosa Freya, llamada la doncella de la primavera, que deja brotar verdor por dondequiera que pisan sus pies. Además de Freya, también se honra a la diosa Iðunn, a la que se denomina la diosa de la floración. Aunque pueda parecer extraño, a menudo también se veneraba a Thor en este momento.

El 17 de enero de cada año, el pueblo celebraba una fiesta del dios Thor. Aunque a Thor se le identifica como una deidad del trueno, también se le consideraba un dios de la fertilidad debido a que traía las lluvias que permitían que los campos crecieran y nutrieran las cosechas que lo requerían. Njörðr también era honrado en su papel de deidad patrona de los pescadores cuando éstos emprendían nuevos viajes tras verse obligados a permanecer en tierra durante los meses fríos. También se honraba a la diosa del arado, Gefjon, y a Gna, que hacía fluir por los campos los suaves vientos de la primavera. Pintar huevos era una gran costumbre en esta época del año, ya que simbolizaban la artesanía y posiblemente honraban a los enanos de Duergar cuando salían de sus cuevas antes de que llegara el invierno.

La celebración de Ostara simboliza el comienzo de la segunda parte del año, el verano. Llamada así por la oscura diosa protogermánica Eostre, su nombre se traduce como las palabras "este" y "gloria".

Durante la fiesta, los participantes sacrificaban un conejo, el animal sagrado para la diosa, solo con su bendición. Fue común a lo largo de los siglos, incluso hoy en día, comer pasteles formados con las formas de este animal. Se encendían hogueras en las cimas de las colinas justo cuando el sol empezaba a emerger por el horizonte.

Existe una tradición muy querida que data de los primeros tiempos en la que la gente se hacía pasar por el sol que lucha contra el invierno para exiliarlo y devolver la luz al mundo. A veces quemaban una imagen del invierno, la golpeaban con armas o la ahogaban.

Hoy, sin embargo, Ostara es la celebración de la Tierra cuando vuelve a despertar de las profundidades del invierno, cuando todo parece frío y sin vida, así como para rendir respeto a las deidades y a las almas de los humanos.

Walpurgis (del 22 al 30 de abril)

Walpurgis es la celebración del Todopoderoso cuando se sacrificó en Yggdrasil, el Árbol de la Vida. El mito cuenta cómo Odín se hirió a sí mismo, se ahorcó y pasó hambre durante nueve días en el Pozo de Urd antes de beber el agua que le reveló el conocimiento del alfabeto rúnico. En la novena noche (en la que descubrió el futhark, llamada *Walpurgisnacht "Noche de Walpurgis"*), murió ceremonialmente. Cuando murió, hasta la última chispa de luz de los Nueve Mundos desapareció, dejando solo el caos para gobernar. Cuando llegó la medianoche, la luz regresó en un resplandor brillante y se quemaron fardos de heno. Esta es la noche de oscuridad y algarabía en la que los muertos caminan por la Tierra en la última noche de la Cacería salvaje.

La celebración histórica tiene su origen en antiguas tradiciones paganas que celebraban la llegada de la primavera con hogueras nocturnas. Los hombres jóvenes se adentraban en las zonas boscosas al anochecer para recoger cosas como flores, ramitas de arbustos, ramas y otras cosas bellas y luego las llevaban de vuelta a las casas de las mujeres que amaban para decorar con ellas sus ventanas. Muchos recibían huevos como pago por ello. Sin embargo, cuando el cristianismo se extendió por el mundo escandinavo, declararon estas tradiciones como paganas.

El día después de la noche de Walpurgis es el Primero de Mayo. Se trata de una celebración del amor - cuando la diosa Freya asume su papel con el dios Frey como su contraparte masculina y su fertilidad/falo representado como el palo de mayo. Otras deidades honradas en este día son Siofin y Lofn, ambas asociadas con el amor, y se invocaba a Var si la gente hacía juramentos. Los elfos, o Alfar, también se identificaban con este día, así como el dios de la luna Máni, del que nadie podía ocultar lo que hacía cuando caía la noche.

Se trata de una celebración del amor, a menudo considerada como el Día de San Valentín en el calendario pagano nórdico. En esta época del año, los germanos creían que las brujas estaban más activas de lo habitual. Freya, como diosa del amor y la brujería, es considerada la patrona de esta fiesta.

El propio palo de mayo se remonta probablemente a la Edad de Bronce, cuando formaba parte de una primitiva procesión de la fertilidad. En sus inicios, la gente encendía hogueras en los túmulos de las tumbas o en las cimas de las colinas altas. La gente saltaba a través de las llamas para ser bendecida con suerte.

No sabemos cómo llamaban originalmente a este festival los antiguos paganos nórdicos. Nosotros tenemos el nombre de Walpurgis debido a una mujer llamada Valborg. A veces se la llamaba Valderburger, Wealdurg o Walpurgis. Era sobrina de San Bonifacio, un misionero inglés, y nació en la parte de Dorset (o Wessex) de Inglaterra en el año 710. Viajó a Wurttemberg, en Alemania, con sus hermanos y se estableció como monja en una ciudad llamada Heidenheim, que había sido fundada por Wunibald, su hermano. Murió el 25 de febrero de 779 y fue declarada mártir por la Iglesia católica el 1 de mayo del mismo año.

Los ritos paganos nórdicos de fertilidad aún se celebraban en ese momento, normalmente en torno al 30 de abril. Como Valborg fue canonizada como santa al mismo tiempo, su nombre pronto se identificó con ella. La gente seguía practicando las actividades paganas tradicionales que celebraban la llegada de la primavera. Honraban a Valborg del mismo modo que honraban a los demás dioses. Con el paso del tiempo, las fechas de estos dos acontecimientos se fusionaron. Sin embargo, muchos paganos nórdicos modernos han sustituido a Valborg por Waluburg, una vidente del siglo II de nuestra era.

Solsticio de verano (Midsumarblót, del 20 al 21 de junio)

El solsticio de verano es la celebración del día más largo del año, conocido como el solsticio de verano, cuando el sol ha alcanzado su máxima potencia. Esta era la época en la que se realizaba la mayor parte del comercio con los extranjeros, junto con las incursiones, los viajes de pesca y el transporte marítimo. Debido a esta conexión, se trataba de una celebración de la actividad y del poder.

Sin embargo, toda luz debe tener su lado oscuro. Cuando el solsticio de verano llega a su fin, los días comienzan a acortarse y todo empieza a envejecer. Se cree que Balder, el más amado de todos los dioses, murió en solsticio de verano pero que volvería al mundo en Yule, y que Hagan y Gunther (también conocido como Gundahar), asesinaron a su hermano de sangre, Sigard, el famoso héroe, en solsticio de verano.

Sunna (el Sol) y Máni (la Luna), que son hermana y hermano respectivamente, son honrados con esta celebración. Es el momento en que los dioses Freyr y Freya se funden en uno; los poderes creados con este vínculo permiten que el mundo florezca con nuevos frutos y vida. El dios Heimdal se celebra junto con el Bifröst, así como las deidades que representan aspectos de los mares. Durante el festival, la gente enciende grandes hogueras en nombre de Logi, así como en honor de Balder, ya que es el momento en que se dice que fue asesinado.

La celebración tiene lugar entre el 20 y el 21 de junio, cuando el día es más largo y la noche más corta. Todos los pueblos germánicos celebraban religiosamente el sol en este momento, todos con costumbres y tradiciones similares. Se creía que era la segunda fiesta más importante del año después de Yule.

El término "solsticio de verano" procede de la astrología en lo que respecta a la posición del sol respecto al ecuador celeste. Es en este momento del año cuando el planeta se inclina más hacia el sol, lo que afecta a la posición del sol en su punto más alejado sobre el ecuador celeste.

Aunque las celebraciones tenían lugar durante todo el día, había actividades particulares que solo comenzaban cuando se ponía el sol. Se llevaban a cabo varias tradiciones, siendo el baile y el canto las más populares de todas ellas. Otras incluían decorar sus casas y campos con cosas naturales como flores y ramas, así como confeccionar coronas, muñecas hechas de maíz y hacer hogueras.

Los antiguos paganos nórdicos sacrificaban a Balder con la esperanza de obtener una bendición del dios. Algunos creaban pequeños barcos hechos de madera que luego llenaban con objetos dedicados a los dioses y después quemaban ritualmente. Esta parte, en particular, ilustraba la conexión de los barcos con el pleno verano, ya que era en esta época cuando los guerreros nórdicos, sobre todo durante la época vikinga, se hacían a la mar para asaltar y combatir, ya que todas sus cosechas habían sido plantadas de forma segura. Esto marcaba la época en la que la gente podía buscar acción, prosperidad y aventura.

Se sacaba el palo de mayo, símbolo del falo, que se erigía en el centro del lugar donde se celebraba la fiesta. La gente iba entonces y lo cubría con vegetación y flores hasta que no se podía ver ninguna parte del palo. Era entonces cuando la gente levantaba el palo y bailaba a su alrededor, convirtiéndose en un rito de fertilidad que aún se practica hoy en día.

El solsticio de verano es la época del año en la que se creía que Balder, el más amado de todos los dioses, había sido sacrificado. Es importante recordar que, aunque su nombre parezca hacer referencia a que se celebra en pleno verano, en realidad marca el comienzo del verano.

Lithasblót
(Fiesta de la cosecha/Freyfest/Freysblót, del 31 de julio al 1 de agosto)

Lithasblót es una fiesta de la cosecha dedicada a la diosa Urda (Ertha) por proporcionar a la humanidad cosechas abundantes. Es en esta época cuando la gente se muestra generosa, dando limosna a los pobres o regalándoles hogazas de pan con forma de ruedas solares, conocidas como fylfot. Durante la Segunda Guerra Mundial, estos símbolos fueron utilizados por los nazis y se asociaron como símbolos de oscuridad y caos, el polo opuesto de las formas originales y verdaderas. Lo interesante, sin embargo, es que, en 1941, las logias mágicas inglesas realizaron rituales Lithasblót para impedir la invasión de nazis en el Reino Unido. Hitler había hecho planes para una invasión británica, pero los abandonó rápidamente.

Lithasblót se ha identificado con rituales mágicos y ceremonias mágicas durante miles de años. Es una época en la que la gente celebra el corte del grano por primera vez en el año, cuando el maíz sacrifica su vida para alimentarnos a todos. En el paganismo nórdico, la gente honra a Freyr, que se sacrificó para que los humanos pudieran vivir. Los paganos también honraban a la madre de Freyr, Nerthus, ya que fue ella quien le apuñaló, así como a la diosa Gerda, que era su esposa. Fueron sus lágrimas las que alejaron la muerte de él.

La esposa de Thor, Sif, también es identificada como honrada en la celebración de Lithasblót. Las pocas menciones que se hacen de ella describen su pelo del color del trigo dorado, símbolo del grano que florecía gracias a las lluvias que su marido traía en primavera.

Otros dioses honrados son Njörðr, ya que era él quien cuidaba de los pescadores que traían peces del océano, Ægir, por elaborar cerveza junto con Freyr, y Jörð, la diosa de la tierra, ya que sin ella nadie podría haber sobrevivido.

El nombre de este día, Lammas, deriva de una fiesta anglosajona que significa "fiesta de los panes". Era un día en el que la gente horneaba y se daba un festín con hogazas de pan, hechas con las primeras cosechas del año, normalmente con la forma del dios Freyr, antes de sacrificarlo ritualmente y luego consumirlo. Lamentablemente, no sabemos cuál era el nombre pagano de esta fiesta. Los cristianos fueron brutales al intentar eliminar todo rastro de su historia en todo el norte de Europa. Sabemos por los registros históricos que la gente adornaba las fuentes y los pozos para ello. Se celebraba en una época del año en la que los guerreros paganos que se habían marchado tras la temporada de siembra regresaban ahora, cargados con los frutos de sus incursiones o viajes comerciales, y estaban listos para recoger las cosechas. La Fiesta del Pan marca el final del verano y el comienzo del otoño, cuando hay que recoger las próximas cosechas y guardarlas para los próximos meses de invierno.

Mabon (Fiesta del otoño/Haustblót, del 22 al 23 de septiembre)

Para celebrar el final de la temporada de cosechas, los antiguos paganos nórdicos celebraban Mabon, que se asocia típicamente con la elaboración de hidromiel. Sin embargo, muchos paganos no lo celebrarían plenamente hasta las Noches de Invierno (Winternights), la fiesta principal.

Los sajones llamaban a este festival Haligmonath, que se traduce como "Mes Sagrado", y hay fuentes que se refieren a un festival de sacrificios otoñales en Escandinavia como Haustblót. Sin embargo, la extensión de esta celebración en todo el mundo pagano nórdico sigue siendo objeto de debate. Hay indicios de que se celebraban festivales de la cosecha en esta época, pero este periodo del año es extremadamente ajetreado, y las celebraciones que tuvieron lugar podrían haber sido simples fiestas rituales.

A pesar de ello, los paganos nórdicos siguen celebrando esta fiesta de la cosecha, que se conoce simplemente como Cosecha. En esta época, honramos a los dioses asociados con la cosecha, como Jörð, Njörðr, Iðunn, Nerthus y Freyr, junto con Bragi por contarnos historias para mantenernos entretenidos, Huldra por cuidar de los rebaños y la diosa de la hospitalidad y el trabajo duro, Snorta.

Se trata de un gran momento de celebración en el calendario pagano nórdico, que tiene lugar en el equinoccio de otoño. Marca el comienzo del otoño cuando el sol cruza el ecuador celeste y se dirige hacia el sur. Cada año, la fecha exacta difiere debido al calendario gregoriano, pero es la celebración de la segunda cosecha del año.

Algunos de los aspectos más importantes de la fiesta incluían fastuosos banquetes, bailes y hogueras. Todo el mundo transportaba una llama de la hoguera para encender su propio hogar, lo que creaba un vínculo entre todos los miembros de la familia y la comunidad. Los huesos de los animales sacrificados se arrojaban sobre las llamas, una práctica que se continuó hasta bien entrada la época del cristianismo y de donde se obtuvo la palabra inglesa *bonfire* (hoguera) de "bone fires" (fuegos de huesos).

Como celebración de la segunda de las tres cosechas anuales, Mabon simboliza el periodo en el que la gente empezaba a traer los alimentos que les durarían los largos meses de invierno y en el que llevaban el ganado y otros animales a sus refugios. Si se estaba solo en esta época, se consideraba peligroso, ya que uno y su alma eran vulnerables a los peligros de la estación más fría.

Los aspectos más significativos de esta celebración ya no son importantes para la mayoría de la gente. Para la mayoría de nosotros, la comida está fácilmente disponible en el supermercado local cuando la queremos, sin importar la época del año. Para un pueblo que dependía de la agricultura, disponer de un buen suministro de alimentos que les permitiera superar un periodo de tiempo en el que no crecía nada era vital, y si no tenían suficientes provisiones, morirían de hambre. Las tres épocas de cosecha eran esenciales para la supervivencia de sus familias.

Para muchas culturas del hemisferio norte, era por estas fechas cuando la gente traía la segunda de las tres cosechas principales. Es un momento de agradecimiento y celebración de la vida. Mabon es, por tanto, un momento para sentarse, reflexionar sobre las bondades que tiene en su vida y agradecer con su familia lo que tiene.

Noches de invierno (Vetrnætr, del 29 de octubre al 2 de noviembre)

Las noches de invierno marcan el comienzo de la segunda estación del año, el invierno. Es la época en la que la gente recuerda y honra a sus ancestros fallecidos que venían a participar en las fiestas de los vivos. Se trata de una época en la que la gente se reunía y celebraba tan libre y desenfrenadamente como deseaba, marcando el final de las tres cosechas de verano y el comienzo de los fríos meses de invierno.

La gente disfrutaba haciendo leer su futuro para el año venidero mediante la adivinación. Cuentan las historias que si uno se sentaba en un túmulo (una tumba) hasta el amanecer después de la noche de invierno, se le concederían los plenos poderes de skaldr (bárdico), y galdr y seith (chamánico), siempre que fuera capaz de mantener la cordura al final del ritual.

Las noches de invierno es la noche en la que comienza la Cacería salvaje y se prolongaría hasta la noche de Walpurgis. Las noches de invierno son el equivalente nórdico de la fiesta pagana celta de Samhain, lo que hoy se conoce como *Halloween*. Sin embargo, los elementos más oscuros de las noches de invierno no son tan prominentes como en el festival nórdico que se reservaba para Walpurgis.

Hay una serie de deidades a las que se rinde culto en esta festividad. La deidad más prominente es Hel, la diosa del inframundo, y Mordgud, que custodia el reino de los muertos. También se honra a Hermóðr en su papel de visitar el Inframundo para convencer a Hel de que libere a su hermano Balder, a la diosa del dolor, Hlín, y a Nidhogg, el monstruoso dragón que consume los cadáveres. La gente también honraba a las nornas, las diosas del destino, para adivinar lo que ocurriría a lo largo del año siguiente. Esta es una época del año en la que el velo que separa la tierra de los vivos y el mundo de los espíritus es más delgado, por lo que las deidades Höðr, Nanna y Balder son veneradas en su papel de luz a través de la oscuridad. También se honra a la diosa de la adivinación, Vor. Además, ésta es una gran época del año para rendir respeto a sus ancestros, y existe una larga y sólida historia de culto ancestral en el paganismo nórdico.

La fiesta cae típicamente el último día de octubre, que es el 31 de octubre en el calendario gregoriano moderno. Es la época en que se traían las terceras y últimas cosechas, y se sacrificaban los animales que no podían aguantar todo el invierno, y la carne se convertía en salchichas o se ahumaba para que durara los meses más fríos. También se le llamaba la época de la Bendición de Freyr, Dis-Blessing o Bendición de los Elfos, lo que ilustra la conexión que tenía con honrar a los espíritus de la tierra, los espíritus de los muertos, los dioses vanir, la muerte y la generosidad de la tierra. Es la época en la que el verano finalmente hace la transición al invierno, lo que nos permite volver nuestra atención del exterior al interior, lo que indica que también era una celebración de la sabiduría.

Los rituales eran dirigidos por la mujer que gobernaba la familia y cuidaba del hogar, normalmente la madre, la esposa o la abuela. Era una costumbre muy común en todo el pueblo germánico coger algunas de las últimas cosechas de grano o trigo y formar una *Última Gavilla*. Luego se colocaba en los campos donde Odín saldría con la Cacería salvaje y la reclamaría, pues marca el momento en que los campos le pertenecían. Cabe destacar que la geografía dictaba la variación de esta costumbre.

La fiesta tiene una profunda conexión con los ancestros y se considera incluso hoy en día como una forma de celebrar a familiares y amigos, aunque ya no estén aquí para celebrarlo con nosotros. Las noches de invierno simbolizan el comienzo del periodo de oscuridad en el que los recuerdos son más valiosos que la perspicacia, una época en la que los cuentos y la poesía nos mantienen entretenidos durante estos meses oscuros y fríos hasta que por fin llega la primavera. También simboliza la época en la que la gente dejaba de trabajar en el exterior y volvía su atención a las manualidades que podían hacerse en el interior del hogar.

El festival de las Noches de Invierno también celebra el respeto, el sobrecogimiento, la honra y el acceso a los muertos, un tiempo para contemplar la vida. Para los antiguos paganos nórdicos, la muerte no era algo que solo ocurría cuando se era viejo. La muerte formaba parte de la vida, era algo que podía ocurrirle a cualquiera, hombre, mujer, niño o bebé, en cualquier momento del día. Una enfermedad menor o una herida que podía tratarse hoy podía matar a alguien hace siglos. El parto mataba a mujeres y bebés. Morir no era tan sorprendente para los nórdicos como lo es hoy, ni se consideraba maligno. Para los paganos nórdicos era más importante vivir sus vidas de forma honorable y morir de la misma manera, asegurando así su legado en la memoria colectiva de la comunidad y debía celebrarse en las noches de invierno.

En esta noche, los muertos y los que aún no han nacido recorren la tierra, regresando a sus hogares para disfrutar de banquetes y agasajos en su honor. Como resultado, es un momento en el que el pasado, el presente y el futuro se experimentan a la vez.

Cuando el cristianismo se extendió por el norte de Europa, obligó a los paganos a convertirse a su religión. Por mucho que lo intentaron, los cristianos fracasaron en su intento de impedir que los nórdicos y germanos celebraran la fiesta. Para hacerla más agradable al gusto cristiano, la rebautizaron como Víspera de Todos los Santos e implantaron la celebración del Día de Todos los Santos al día siguiente.

Fiestas menores o días del recuerdo

Las celebraciones mencionadas anteriormente son las fiestas principales que marcaban el calendario pagano nórdico. Sin embargo, hay una serie de fiestas y celebraciones que muchos paganos nórdicos antiguos y modernos guardaban/guardan. Se conocen como fiestas menores o días del recuerdo.

Recuerdo de Raud el Fuerte *(9 de enero)* Este día rinde homenaje a Raud el Fuerte, un jefe nórdico asesinado por Olaf Tryggvason cuando juró no abandonar nunca a los antiguos dioses. Olaf Tryggvason le introdujo un cuerno de metal en la garganta y luego colocó en él una serpiente antes de calentar el extremo superior para obligar a la serpiente a bajar más.

Recuerdo de Eyyind Kinnrifi *(9 de febrero)* Al igual que con Raud el Fuerte, Olaf Tryggvason torturó y mató a Eyyind Kinnrifi por negarse a convertirse al cristianismo. Esta vez, colocó un brasero lleno de carbones ardientes sobre su estómago desnudo.

Fiesta de Vali *(14 de febrero)* En los tiempos modernos, esta fiesta se llama la Fiesta de Vali y no se parece en nada al día de San Valentín que se celebra este día. Esta fiesta es un día para honrar al dios Vali.

Recuerdo de Ragnar Lodbrok *(28 de marzo)* En honor a la época en que los vikingos saquearon París.

Recuerdo de Haakon el Grande *(9 de abril)* Día para recordar al gran Haakon el Grande, o Haakon Sigurdsson, conde de Hladhir, que defendió el paganismo nórdico cuando el cristianismo obligaba brutalmente a los nórdicos a convertirse.

Recuerdo de Gudrod de Gudbrandsdal *(9 de mayo)* Este es el día para celebrar y honrar a Gudrod de Gudbrandsdal, a quien San Olaf, rey de Noruega, que torturaba brutalmente y mataba a sus súbditos si no se convertían al cristianismo, le arrancó la lengua. Gudrod se enfrentó a su tiránico rey, convenciendo a los demás de que no cedieran a sus perversas exigencias, por lo que el rey hizo que le arrancaran la lengua.

Recuerdo de Aud la Sabia *(9 de julio)* Una jefa islandesa recordada por su buen consejo y sabiduría.

Recuerdo de Olaf el Gordo *(29 de julio)* Día para celebrar el día de la muerte de Olaf el Gordo, más conocido como Olaf Segundo, que gobernó Noruega entre 1015 y 1028 y, al igual que Olaf Tryggvason, mató a muchos paganos nórdicos que se negaron a convertirse al cristianismo.

Recuerdo de Radbod de Frisia *(9 de agosto)* Día para recordar al rey que se negó a convertirse al cristianismo al enterarse de que no podría reunirse con sus ancestros en el cielo cristiano.

Recuerdo de Hermann el Querusco *(9 de septiembre)* Un día para recordar y honrar al hombre que impidió que los romanos se adentraran más en territorio germánico. Más conocido como Arminio, fue un militar romano que comandó tres ejércitos tribales germánicos en la batalla del bosque de Teutoburgo en el año 9 de la era cristiana, que marcó la retirada de Roma de Alemania. Más tarde se convirtió en jefe de la tribu querusca y se le honra por haber evitado que la lengua y la cultura germánicas fueran destruidas por los romanos.

Día de Leif Eriksson *(9 de octubre)* Un día para recordar y honrar a Leif Eriksson, junto con Freydid Eriksdottir, su hermana, por establecer el primer asentamiento europeo en el continente americano, que se cree que es el actual Canadá.

Recuerdo de la reina Sigrid de Suecia *(9 de noviembre)* Este día celebra la vida de la reina que le dijo a Olaf Tryggvason que nunca dejaría de adorar a los dioses que adoraban sus padres. Olaf la abofeteó entonces en la cara. Ella, a su vez, le dijo que esa acción podía llevarle a la muerte. Más tarde, ella organizó la alianza que finalmente condujo a su muerte.

Fiesta de los Einherjar *(11 de noviembre)* Un día para recordar a los héroes fallecidos que se sientan en los salones del Valhalla a la espera de que Odín los llame a su lado cuando llegue el Ragnarök. También es un momento para honrar a las demás deidades.

Fiesta de Skaði y Ullr *(27 de noviembre)* Es un día para celebrar los poderes y habilidades del invierno, para honrar a Skaði y Ullr por sus bendiciones, como más nieve o alimentos suficientes para pasar el invierno.

Recuerdo de Egil Skallagrímson *(9 de diciembre)* Un día para recordar al gran guerrero-poeta, hechicero y lanzador de runas. Es el antihéroe de la Saga de Egil.

Celebraciones adicionales

Además de las fiestas y días conmemorativos mencionados, hay varios días a lo largo del año que se consideran sagrados en el paganismo nórdico. Se basan en acontecimientos relacionados con las comunidades o con las familias, como funerales, bodas, ceremonias de mayoría de edad y nacimientos. Los tipos de ceremonias que se celebran en estas fechas derivan de las costumbres y tradiciones populares, ya que el paganismo nórdico pudo sobrevivir gracias a ellas.

La más importante de estas ceremonias es la que celebra el nacimiento de un nuevo niño y el nombre que se le da, ya que esto lo acepta en su árbol genealógico y es el momento en el que sus almas se colocan dentro de sus cuerpos y se les asigna su destino. Para aquellos que no nacieron como paganos nórdicos, todavía pueden tener un ritual de nacimiento y nombre, quizás incluso cambiando su nombre por algo más tradicional como una forma de declarar su lealtad y honor a los dioses, aunque esto es una elección totalmente personal.

Para los matrimonios, el rito principal es jurar sus votos el uno al otro delante de todos los dioses y sus invitados y el "santificado" de la novia con el martillo de Thor.

Para los funerales, el rito principal es el velatorio (la ceremonia) y beber y recordar al difunto después de que su cuerpo haya sido enterrado o incinerado.

Las bendiciones separadas a las deidades pueden celebrarse en cualquier momento del año. Puede querer honrarlas después de que haya ocurrido algo maravilloso o pedir su fuerza, sabiduría y guía si hay algo que le preocupa.

También puede celebrar estos rituales para agradecer a los dioses las bendiciones que recibe a diario. La forma más habitual de hacerlo es ofrecer una bebida o un plato, o incluso crear un colgante en forma de martillo. Puede que desee honrar al sol en momentos concretos del día, como al amanecer o a medianoche. Si tiene la suerte de tener amigos o seres queridos en casa, muchos ofrecen una bebida en la que los invitados brindan para bendecirle a cambio. Las ofrendas populares a los espíritus que moran en el hogar o para los espíritus que custodian aspectos específicos del mundo incluyen la leche, la cerveza y el hidromiel.

Thurseblot (Primera luna llena de enero)

Se trata de una pequeña fiesta que honra al dios Thor en su papel de protector de la Tierra. Es la época del año en la que las tormentas eléctricas son más fuertes, lo que indica que el dios está luchando contra los gigantes de escarcha para asegurarse de que la primavera vuelva a Midgard.

Valisblot (14 de febrero)

Muchos paganos nórdicos modernos honrarán la fiesta de Vali, más conocida como Valisblót, a pesar de que el hijo menor de Odín está asociado con este día festivo. Probablemente asociamos a Vali con ella porque su nombre es el más parecido a Valentín, que lleva el nombre del santo. Según las leyendas, el héroe Syenfjotli, hijo de una relación incestuosa entre Sigmund y su hermana Signy, habría nacido en este día, y también se celebran muchas fiestas en su honor.

Thrimilci (1 de mayo)

La celebración del Thrimilci marca el comienzo del verano, en el que la gente festeja la fertilidad y la felicidad. Marca el momento en que la nieve finalmente se ha derretido, dejando la tierra lista para florecer con abundantes cosechas una vez más.

Einherjar (30 de mayo)

Se trata de una celebración pagana nórdica moderna menor que honra las almas de los muertos durante las batallas y las guerras, sus almas ahora festejan y beben en los salones del Valhalla. Es similar a otras celebraciones que honran a los soldados caídos, como el Día del Veterano en EE.UU., y el Día del Recuerdo en el Reino Unido.

Sigrblót (9 de junio)

Se trata de una celebración menor que honra al héroe Sigurd (también conocido como Siegfried o Sigifrith), que mató a Fafnir, un poderoso dragón, y fue asesinado más tarde por Guthorm.

Capítulo 10: Prácticas paganas diarias

Practicar y vivir su vida como pagano nórdico en estos tiempos modernos consiste en vivir de la forma que usted desee. Puede elegir entre muchos caminos diferentes. Podría decidir dejar su trabajo y unirse a una comunidad que se dedique a mantener un estilo de vida ambientalmente viable. Podría decidir dejar su trabajo y alistarse en el ejército y convertirse en un guerrero valiente y dedicado. O podría elegir convertirse en agricultor y vivir un estilo de vida más sencillo y más cercano a la naturaleza. O simplemente podría elegir educarse en la historia del paganismo nórdico a través de la lectura de libros centrados en la espiritualidad natural. No hay una única forma de vivir una vida genuinamente nórdica pagana. Con tanto paganismo nórdico, depende de usted elegir la forma en que quiere vivir.

Muchos paganos nórdicos modernos deciden incorporar varias costumbres paganas en su vida cotidiana, la mayoría de las veces erigiendo un altar o santuario dentro de su casa o en algún lugar al aire libre, rodeado de naturaleza. Estos altares individualistas pueden ser tan sencillos o tan detallados como usted desee. Puede crear uno que le parezca más tradicional según la rama del paganismo a la que pertenezca, o puede crear algo que sea tan único como usted, adaptado a sus creencias y culto personales. La razón por la que utilizamos altares es para establecer un sentido de adoración y honrar a los dioses. Los objetos que coloque en él para fomentar esta devoción y honor son completamente apropiados. Puede añadir estatuas de los dioses y diosas que desee honrar o cosas que simbolicen la naturaleza, como el aire, la tierra, el fuego y el viento. Puede añadir incienso, velas, fotografías o imágenes de sus ancestros, diarios, poemas tradicionales, recipientes para beber, cuencos para ofrendas, plumas, cristales o cualquier cosa que pueda tener una importancia especialmente espiritual para usted.

Estos altares o santuarios son lugares donde puede meditar en paz, reflexionar sobre su vida, rendir homenaje a sus ancestros, ofrecer sacrificios a los dioses o un lugar donde llevar a cabo ceremonias y rituales. Al igual que el diseño del altar, su finalidad es igual de única y se adapta a las preferencias de cada persona. Algunas personas crean altares como una forma de recordar sus creencias espirituales, pero nunca llegan a utilizarlos para ritos y ceremonias. Luego hay personas que interactúan con el altar a diario, cambiando los objetos que hay en él según la estación o el rito que planean llevar a cabo. Otros paganos nórdicos simplemente crean un altar como una forma de mostrar sus colecciones de arte, estatuas, libros y otros objetos para dar un aire de magia o misticismo a la habitación. No hay en absoluto una forma incorrecta de diseñar un altar ni una razón incorrecta por la que crear uno.

A un gran número de paganos nórdicos les gusta practicar una forma de adivinación en su vida cotidiana. La adivinación incluye una serie de cosas, como el ogham (alfabeto ogámico), las runas, el tarot, el I Ching, la lectura de hojas de té, la lectura de bolas de cristal, etc. Algunos paganos nórdicos utilizarán las runas y el ogham, ya que éstos figuran mucho en la historia de la religión. Sin embargo, no hay nada malo en practicar otras formas de adivinación. La lectura de las cartas del tarot se originó en la India, pero hay muchos paganos nórdicos que leen las cartas del tarot para ver qué respuestas pueden encontrarse en ellas.

La adivinación es una gran herramienta para predecir lo que puede ocurrir en el futuro, aunque muchos paganos nórdicos buscarán consejos más elaborados de los dioses para desarrollar su crecimiento espiritual individual. Se puede adivinar el futuro o utilizar las runas para ayudar a los demás, a veces como medio de vida (sobre todo en ferias y librerías), aunque la mayoría tiende a leer las runas (u otras formas de adivinación) solo para sí mismos, sus familiares o seres queridos. Consideran la adivinación como una forma de desarrollar el crecimiento de su yo espiritual, en lugar de verlo de otra manera.

Los paganos no ven la espiritualidad como algo que esté separado de otras partes de la vida de uno, lo que significa que cualquier cosa que haga podría verse como otra parte de su crecimiento y desarrollo espiritual. La fotografía, la jardinería, el senderismo, el arte, el enlatado de alimentos que usted mismo ha cultivado, aprender a utilizar aceites esenciales e incluso escribir, todas ellas pueden ser cosas que usted incorpore a su vida cotidiana con el entendimiento de que significan algo para usted de un modo espiritual. A fin de cuentas, cada pagano es responsable del desarrollo de prácticas que vayan a tener un significado profundo y significativo para él.

¿Qué tipo de rutinas diarias puede hacer para desarrollar su espiritualidad?

Hay muchas cosas que puede hacer para fomentar una conexión profunda con su espiritualidad. Todo dependerá del tipo de estilo de vida que tenga. ¿Tiene un trabajo de alto nivel que le obliga a levantarse a las 5 de la mañana solo para salir treinta minutos más tarde? ¿Tiene varios hijos que exigen cada segundo de su tiempo antes de dejarle a la puerta del colegio? ¿Es usted un ama de casa que tiene el día para ella sola antes de que su marido vuelva del trabajo por la tarde? ¿Trabaja por la noche una vez que los niños están en la cama? Tal vez sea voluntaria los fines de semana o cuide de un familiar enfermo o anciano.

Lo recomendable es que se fije en lo que hay normalmente en su horario. ¿Hay periodos del día un poco más tranquilos o relajados? Si es así, utilice esos momentos para desarrollar las prácticas que desea adoptar cada día para fortalecer su conexión con los dioses o con su propia alma.

Si quiere cosas específicas que pueda hacer, éstas son comunes entre los paganos nórdicos:

- Rituales para exiliar los pensamientos negativos, aumentar la energía positiva y desterrar los malos espíritus.
- Visualizar escudos protectores.
- Rezar una oración a los dioses y diosas que desea honrar.
- Tirar las runas para ver las posibilidades del día/evento.
- Meditar en silencio durante diez minutos.

- Ofrezca un pequeño sacrificio blót a los dioses. A algunos paganos les gusta honrar a un dios concreto en un día determinado, como Thor los jueves, Freya los viernes, Njörðr los sábados e Iðunn los lunes.
- Para honrar a Bragi, el dios de la poesía, podría leer una de las sagas o poemas tradicionales.

Hay muchas formas diferentes que puede elegir para desarrollar su espiritualidad. Lo bueno del paganismo nórdico es que *no hay absolutamente ninguna forma incorrecta de hacerlo*. Todo se reduce a la forma en que usted desee hacerlo. Y si no está seguro de lo que quiere hacer, ¡entonces le da la oportunidad de descubrir cosas que quizá no haya probado antes!

Conclusión

Antes de que los nórdicos se vieran obligados a convertirse al cristianismo, los paganos de esta región habían desarrollado un fascinante panteón de deidades y criaturas sobrenaturales que llegaban a todos los rincones de la sociedad y la cultura nórdicas. Se basaban en aspectos de la naturaleza, tan feroces y bellos como su propio país. Los relatos religiosos que se contaron durante miles de años se convirtieron en lo que conocemos como mitología nórdica, evolucionando hasta convertirse en la base de la forma en que los antiguos paganos nórdicos vivían sus vidas, centrándose predominantemente en Odín, Thor, Freyr, Freya, Tyr, Heimdal y Loki.

Eran estas tradiciones las que daban sentido al mundo, proporcionando una explicación a los sucesos naturales del mundo, desde las tormentas eléctricas a las ventiscas, desde las cosechas abundantes a la escasez de pesca, desde las montañas nevadas a las cuevas, y todo lo demás. Los dioses proporcionaban un significado a la gente de la época y del lugar, una forma de que reconocieran su lugar en un mundo lleno de belleza, penurias, muerte, vida, sacrificio y el misterio de cómo y por qué estaban allí... y qué ocurriría al final.

El periodo vikingo fue la última gran época del paganismo nórdico antes de que las manos salvajes del cristianismo corrieran con la sangre de su antigua religión, pero incluso mil años después, la gente sigue fascinada con los dioses paganos nórdicos. De hecho, los dioses nunca se desvanecieron en la oscuridad como los cristianos pensaron que harían, sino que se incorporaron a los cuentos populares como una forma de sobrevivir hasta los tiempos modernos, una época en la que el control del cristianismo se ha aflojado, y los antiguos dioses paganos han empezado a ser venerados y honrados una vez más.

Vea más libros escritos por Silvia Hill

Referencias

Byock, J. (2005). La Edda prosaica: Cuentos de la mitología nórdica. Penguin Books.

Crawford, J. (2015). La Edda poética: Historias de los dioses y héroes nórdicos. Hackett Publishing Company.

Anderson, S. A. (1939). La actitud de los historiadores hacia las antiguas sagas nórdicas. Scandinavian Studies and Notes, 15. https://www.jstor.org/stable/40915482

www.ingramcontent.com/pod-product-compliance
Lightning Source LLC
Chambersburg PA
CBHW070340010526
44107CB00004B/571